定年前に生まれ変わろう

50代からしておきたいこと

中谷彰宏
AKIHIRO NAKATANI

PHP研究所

【この本は、３人のために書きました。】

①定年になって、どうしていいか、不安な人。

②定年になる前に、定年後楽しめるように、準備しておきたい人。

③生まれ変わって、ワクワク仕事や勉強をしたい人。

装丁——根本佐知子（梔図案室）
装画——わたせせいぞう
「巴里の街～めぐり逢う花」

中谷彰宏は、盲導犬育成事業に賛同し、この本の印税の一部を（公財）日本盲導犬協会に寄付しています。

ENJOY!
01

まえがき

変化は、チャンス。今までを否定されたわけではない。

勝負は、50歳からの生き方です。

50歳からの生き方で、60歳からの生き方が決まります。

50歳を過ぎると、変化が苦手です。

変化せざるをえない状況にもかかわらず、変化が一番苦手なのです。

20歳で会社に入った人は、すでに30年たっています。

その間、変化がないので、変化という状況に不慣れなのは、仕方ないことです。

そこそこうまくいっている人が一番変化に抵抗するのです。

人間の願望には４段階あります。

1番目が20代の「安定したい」です。

安定がない時代は安定したいのです。

2番目が30代の「評価されたい」です。

生活が安定すると、上司に認められたい、みんなからほめられたい、「いいね！」を集めたいのです。

3番目が40代の「支配したい」です。

50歳でやっとここまで来たのです。

4番目が50代の「新しいことをしたい」です。

3番目でとまるか、4番目まで行くかが分かれ目です。

会社でうまくいかなかった人ほど、新しいことができます。

ここで逆転が起こるのです。

今まで会社でコツコツ頑張り、出世競争で生き残りをかけ、上司の引っ越しの手伝いも行った人が、やっと支配する側にまわります。

支配といっても、部下は5人で、役員にはなれなかったという人が、その地位にしがみつくのです。

そうすると、「新しいことをしたい」という第4段階に入れません。

50歳を境に、今までいまいちだった人が突然イキイキし始めます。

今まで「オレは勝っている」と思っていた人が、突然みすぼらしくなったり、精神的な貧困になったりします。

単に好きなことをするのが好奇心ではありません。

好きかどうかわからないことをするのが好奇心です。

好きなことだけをしていると、幅が狭《せば》まります。

いつもの店で、いつもの席に座って、「いつもの」で通るオレに満足するからです。

それでは、新人の子に「失礼ですが、『いつもの』とはなんですか」と言われた時に、メンツが丸つぶれになります。

「いつもの」に幸せを感じる人は、支配で終わっているのです。

老けない人は、知らないお店に入って知らないものを頼みます。

その中で、自分は完全に異邦人という立場になります。

自分が異邦人的な存在になる場所は、「異界」です。
異界の相手からすると、自分も異界の人です。
自分が異邦人になる状況をつくる人が、変化を楽しめるのです。

60歳から
もっと楽しむ
ために

01

変化を、楽しもう。

生まれ変わろうと
決めた時、
その瞬間から
生まれ変わりは
始まっている。
中谷彰宏

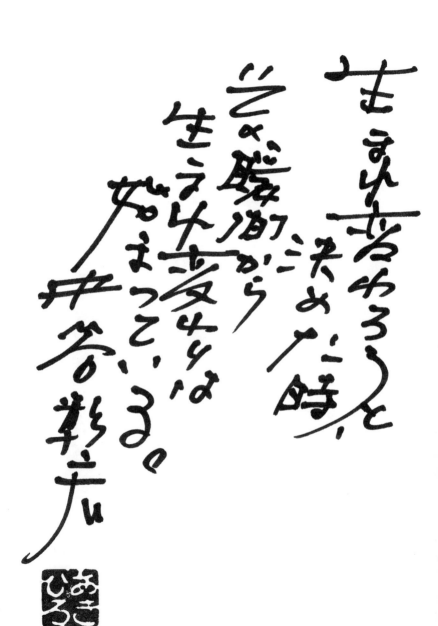

60歳からもっと楽しむための62

01 変化を、楽しもう。

02 日常生活で、修行をしよう。

03 まわりではなく、自分に要求しよう。

04 年上のカッコいい人を見よう。

05 サポートする側にまわろう。

06 サブにまわって、好きなことを言おう。

07
自分でできることは、
自分でしよう。

08
自分の足りないものに
気づこう。

09
自然・社会の多様性に
触れよう。

10
異界に遊ぼう。

11
楽しいことより、
自分の楽しみ方を
見つけよう。

12
世間の目を気にしないで、
恥ずかしいことをしよう。

13
没頭する時間を持とう。

14
学ぶことで、
テーマを見つけよう。

15
お金と評価から、
自由になろう。

16
自分の目を信じよう。

17
不合理なことでも、しよう。

18
変身しよう。

19
トライする、壁を持とう。

20
ライフワークとして、
すぐ結果が
出ないことをする。

21
○○職になろう。

22
ポケットから手を出そう。

23 相席で感じのいい人になろう。

24 予約の時に、感じよくする。

25 デメリットをいとわない。

26 おいしいものを食べるより、おいしく食べよう。

27 捨てゼリフを吐かない。

28 何をしたら、出禁になるか考えよう。

29 日常の清潔感をつけよう。

30 してもらっていることに、気づこう。

31
夫婦は、
つかず離れずでいよう。

32
聞いて吸収しよう。

33
成長して、
友達が変わることを
恐れない。

34
見えない糸を、感じよう。

35
助けよう。

36
利他的精神を持とう。

37
一緒にいて
楽しい人になろう。

38
想像力を、つけよう。

39 相談魔にならない。

40 なんでも引き受けて、好きなやり方でやろう。

41 上下色違いを着ない。

42 お金を出せばなんでもやってもらえるという甘えを捨てよう。

43 練習しないで、パーティーに出ない。

44 「前も、うまくいかなかったから」と言わない。

45 自分の人生に集中しよう。

46 仕事中に、仕事以外のことをしない。

47
人を助けることで、やりがいを感じよう。

48
手術までにすることより、手術の後したい楽しいことを考えよう。

49
失敗を、恥じない。

50
物事を、多面的に見よう。

51
一から勉強しよう。

52
迷おう。

53
空気を味わおう。

54
「ありがとう」をログセにしよう。

55 いらないモノを出かける前に捨てよう。

56 他の人のハッピーを喜ぼう。

57 「かも」で、「ある」「ない」を抜け出そう。

58 時間を豊かにしよう。

59 しがみつかずに、工夫してこだわろう。

60 被害者意識を持たない。

61 誤解されたら、楽しもう。

62 リセットできると考えよう。

定年前に生まれ変わろう——目次

第一章 人生後半からイキイキしている人になろう。

第二章 もう好きなことで楽しもう。

第三章

歳をとるほど、愛される人になれる。

第四章 一人を、楽しもう。

第五章 思考停止に、気をつけよう。

第六章

歳をとるほど、運気をアップさせよう。

第一章

人生後半からイキイキしている人になろう。

ENJOY! 02

万里一空。どこまでも、修行。

50歳を過ぎて、まわりから「あの人、急におじいさんになったよね」と言われる人がいます。

不思議なことに、ほんの1週間で、突然、10年分老け込むのです。

それは成長を放棄した瞬間です。

脳は、成長しようとしている人をバックアップします。

「成長はもういいか」と思った瞬間に、脳は「じゃ、あがらせてもらいます」と、撤収するのです。

老化は緩やかに起こるわけではありません。

あるところでガクッと来るのです。

宮本武蔵の『五輪書《ごりんのしょ》』に「万里一空」という言葉があります。

「ずっと成長を続ける」という意味です。

空はどこまで行っても続いています。

「ここまでが空で、ここからは空ではない」ということはないのです。

50歳を過ぎて、給料が下がって、役職が下がったからといって、成長をやめることはありません。

定年しても修行は続きます。

これが西洋と日本の考え方の違いです。

日本人には「ハッピーリタイア」という発想がありません。

好きなことをしながら、成長は続けるのです。

欲望で生きるというのは、好きなことで成長するという考え方です。

ただ遊んで暮らすというわけではないのです。

何も山にこもるだけが修行ではありません。

日々、朝起きて、顔を洗って、家を掃除して、家事全般を通して修行ができます。

これが日本人の考え方です。
そもそも日本人は「成長」するのが好きなのです。
西洋人は「成功」が好きです。
ここが違うのです。
西洋人は「日本人は死ぬまで働き続けて、ワーカホリックだ」と言っています。
大きなお世話です。
ただ働いているのではありません。
働くことに幸せ感があります。
「これだけ稼いだから、もう仕事はしたくない」という哲学ではないのです。
働くことを通して成長しているのです。

60歳からもっと楽しむために
02
日常生活で、修行をしよう。

ENJOY!

03

自立とは、他人に期待しすぎないことだ。

学生が会社に入ることを「社会に出る」と言います。

会社員が会社を辞める場合も、また新たに「社会に出る」という状況です。

その時に大切なことは自立です。

自立とは、他人に期待しすぎないことです。

組織の中にいる時は、会社が自分のために何かをしてくれます。

税務署の申告も会社がしてくれます。

会社を辞めると、今度は自分自身でなんでもしなければなりません。

今まで会社がしてくれていたことが全部自分に来るわけです。

これは、学生がひとり暮らしを始めた時に、初めて電気料金を払わなければいけないことに気づくようなものです。

電気が来ていない部屋のブレーカーを見ると、「連絡してください」という札が下がっています。

ここで初めて「電力会社に連絡しないと電気が来ないんだ」と気づくのです。

電気代の納付を忘れると、電気が突然パチンと止まるという経験をします。

それと同じように、サラリーマンは会社でしてもらっていることに気づいていないのです。

社会主義時代のソ連のように、「こんなの国がやってくれるものじゃないの?」「公共料金はなんで払わなくちゃいけないの?　無料に決まってるじゃん」と考えていると、カルチャーショックに悩みます。

自立とは、「これは普通はやってくれるはずだ」と他人に期待しすぎないことです。

これが、一流と二流とに分かれるところです。

老ける人は、すべて他人がしてくれると思っています。

老けない人は、「これは自分でしなければいけないんだ。じゃあ、やろう」と単純に考えて行動します。
そこで「エッ、なんで」とは抵抗しません。
自分に要求するか、他人に要求するかの違いです。
老ける人は、他人に要求します。
老けない人は、自分に要求できるのです。

60歳から
もっと楽しむ
ために
03

まわりではなく、自分に要求しよう。

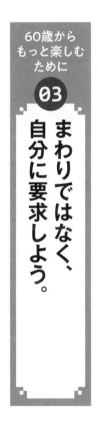

ENJOY!
04

ダメな人を見ている時は、自分が下り坂。

50歳を過ぎると、だんだん「まわりはくだらないヤツばかりだ」と言いがちです。「どうしようもないヤツばかりだ」「最近の若い子らはけしからん」と思うようになります。

「どこへ行っても最低な客が多い」と言う人は、結局、ダメな人にフォーカスしているのです。

「五つ星のホテルに、あんな成金みたいなひどい客がいる」と言っているのは、成金に関心があるということです。

もちろん、ちゃんとしたところには、ちゃんとしたお客様がいます。

その人を見て、「あの人はカッコいいな。何がカッコいいんだろう」と考えている人は、上り坂の人です。

下品なお客さんばかり目に入る人は、下り坂に入っているのです。

上り坂にいる人は、自分よりきちんとしている人を見ています。

自分の年齢が気になる人は、年上のカッコいい人を見つけられないでいるのです。

「年下はカッコよくて、年上はだらしない」となると、自分の将来を見るようで、歳《とし》をとるのが怖くなるのは当たり前です。

年上のだらしない人に対して怒っているのは、結局、自分の未来に怒っているのです。

その場で一番カッコいい人を見ることで、その場を楽しめるようになるのです。

60歳からもっと楽しむために

04

年上のカッコいい人を見よう。

ENJOY!

05

サポートされた人は、サポートすることもできる。

50歳になると、何がしかの役職についています。

それは、自分がリーダーを務めるというだけではなく、みんなにサポートしてもらう側でもあるということです。

自分より年下が、自分より上の役職につくこともあります。

大切なのは、サポートする側にまわれるかどうかです。

主役を経験して、わき役にまわった人は、どうしたら主役を立てられるかわかっています。

そういう人が名俳優になっていきます。

「かつては主役だった自分が、なんでわき役をしなければいけないのか」と思った瞬間に、その人の人生は楽しくなくなります。

サポートされた経験があるから、サポートする側にまわった時に上手にサポートできるのです。

僕は会社の忘年会で幹事兼司会をしていました。

忘年会のオークションで、シラッとした空気を盛り上げてくれる人がいると、本当に助かります。

金田さんという人がいて、オークションで誰も手を挙げない時は、いつも手を挙げてくれるのです。

しかも、自分が言った値段を、自分でまたつり上げてくれたりします。

「金田さん、本当に助かるわー」という存在です。

金田さんは、自分でも幹事をしたことがあるのです。

10人ぐらいの食事会で、自分が幹事をしていない時でも、幹事の経験のある人は「早くメニュー決めよう」とか「メニューを統一しよう」とか、気を使ってくれます。

幹事の大変さがわかっているからこそ、サポート役にまわれるのです。

60歳から
もっと楽しむ
ために

05

サポートする側にまわろう。

テレビのバラエティー番組で、自分の冠《かんむり》でMCを務めていた人は、ゲストにまわっても、やっぱり面白いのです。

サポートする側にまわるのが、50歳を過ぎてからの楽しみ方です。

「あれ？　こっちも楽しいな」と思えるのです。

ENJOY! 06

サポートする側にまわると、自由度が大きくなる。

自分が仕切っている時は、自分の意見を言えません。

サポートする側にまわると、自由度が大きくなります。

その時初めて好きなことが言えるようになるのです。

僕の恩師が退官しました。

辞めて寂しがっているのかと思ったら、ゴキゲンなのです。

教育の現場は自分の意見を言えません。

ひと言のスピーチすらも、自分の考えを言えないのです。

自分の意見を抑えて、機械のように、みんなの意見を吸い上げて、みんなの総意をただ言うだけです。

恩師は、「今は好きなことを言っています」と笑っていました。

トップの人が好き勝手なことを言っているというのは、勘違いです。

トップになればなるほど、好き勝手は言えなくなります。

リタイアしたり、サブにまわったりするようになって初めて、好きなことが言えるのです。

60歳から
もっと楽しむ
ために
06

サブにまわって、好きなことを言おう。

ENJOY!

07

自分でできることをすることで、できないことをしてもらえる。

したいことがあっても、能力がなくてできないということがあります。

そういう時は、まず、自分でできることをすればいいのです。

人は、自分でできることは、あまりしたがりません。

「こんなの誰だってできるじゃない。なんで自分がやらなくてはいけないんだ」と思うからです。

「できることはしたくない。したいことはできない」となると、結局、何もできなくなります。

まずは、誰かができることであっても、自分ができることをすることです。

みんなが断った仕事を拾っていくと、自分ができないことを誰かに手伝ってもらえるようになります。

できないことも、できるチャンスが生まれるのです。

「自分は運が悪い」と、運の悪口を言っている人がいます。

それは神様の悪口を言っているのと同じです。

運の配給元は神様だからです。

「神様、お願いします」と言っているのは、信心深いわけではありません。

「いつも神様に頼んでいるのに、なかなか運がよくならない。自分はこんなに信心深いのに」と、何かちぐはぐなことを言っています。

そういう人は、神様にお願いしたことがかなわないと、「お賽銭《さいせん》返して」と言うのです。

神様にすがった人は、神様をうらむようになります。

信心とは、感じることです。

「守ってもらっている」「見てもらっている」と、感じるだけでいいのです。

「悪いことをしないか見られている」というのは、悪い意味ではありません。

「見られている」という意識で、新幹線の中で食べたお弁当の空箱を自分で捨てるのです。

これが「神様に見られている」という意識です。

上司がいなくなっても、神様は存在しています。

少なくとも、自分でできることは自分でしたほうがいいのです。

奥さんとか、部下にしてもらっている場合ではありません。

自分のことを自分でできる人が、50歳を過ぎてから楽しめる人になるのです。

奥さんを母親がわりだけではなく、部下のかわりにしてしまう人がいます。

部下にさせていたことを、家に帰って、今度は奥さんにさせるのです。

そういう人は、家に長くいられるとめんどくさい存在になっていくのです。

60歳から
もっと楽しむ
ために

07

自分でできることは、自分でしよう。

ENJOY!
08

独立するには、今足りないものに気づく。いつかでは、気づけない。

定年で会社を辞めて、独立して仕事をしようとする人がいます。

会社を辞めたAさんは、「これから何をしようか」と考えた時に、自分にはできることが何もないと気づきました。

そこでAさんは、「自分で会社をつくらなくても、今までの会社で部長をしていたんだから何かできるはずだ」と考えて、再就職することにしました。

面接に行った会社で「○○はできますか」と聞かれて、Aさんは「できない」と答えました。

すると、「じゃ、軽作業しかないですね」と言われて、「なんでオレが軽作業なんかしなくちゃいけないんだ」と文句を言いました。

ＩＴ企業の元役員でも、「プログラミングはご存じですか」と聞かれて、「そんなのはできない」と威張って答える人は、「それではムリです」と言われます。

自分は何ができないのか、何が足りないのかを知りたい時は、ハローワークに行って聞いてみればいいのです。

「自分はこういう仕事をしたいんですけど」と聞いて、「それには、この能力がいります」と言われた時に初めて、「ああ、それか」と、足りないものに客観的に気づけます。

技能が足りないのなら、技能がなくてもできる仕事しかできません。

会社と社会を飛び越えるカルチャーショックをやわらげるためには、今のうちに「自分はこれができない」と気づいておく必要があります。

「部長ならできる」というのは、技能ではなく役職です。

独立するためには、役職と技能を混同しないことが大切なのです。

60歳からもっと楽しむために

08

自分の足りないものに気づこう。

ENJOY!

09

旅をすることで、見え方が客観になる。移動することで、今の場所から脱却する。

運転免許を持っていないのでクルマにも乗らない、パスポートを持っていないので海外にも行かないという20代が増えています。

旅行に行きたくない人は行かなくていいのです。

今やよく旅行に行く日本人は50代以上です。

その人たちはひとり旅です。

しかも、外国人が日本の凄《すご》く山奥にある現代美術館に行くように、外国に行くとみんながパリのお決まりのコースをまわっている時に、片田舎のワインのシャトーやぶどう畑にポツンといるという行動力があります。

遺跡めぐりに行くのは、ほとんどが女性で、男性は少ないです。

旅のよさは、今まで自分のいたところから引き離されて、物事を客観で見られることです。

今までの自分のすべての人脈や価値観、積み上げてきたものが何も役に立ちません。

ゼロになるのです。

ただの東洋人として、丸ハダカになることを楽しんだり、違うものの見え方を体験できたりします。

別人になることができるのです。

エドモン・ダンテスがモンテ・クリスト伯になるくらいの変身を遂《と》げられます。

旅行から帰ってくると、世界が違って見えるようになるのです。

ものの見え方は、今いる場所にずっといると変わりません。

今いるところから離れたところで、新しい価値観や自然に触れることによって変わるのです。

旅は、移動が大切です。

移動距離は、歳をとると個人差が出ます。

散歩好きな犬とそうでない犬に分かれるように、動かない人は大きい道を渡らないでずっと過ごします。

まだ会社に勤めている人でも、会社と家の往復だけという毎日になると、違う刺激の入る余地がありません。

人間は、旅人として生きる人と、仕事で移動はしても固定した生き方をする人とに分かれます。

「ＣＡさんはいろんなところに行けていいですね」と言う人がいます。

現地でいろいろな場所に行くＣＡさんもいれば、飛行機で移動しただけで現地のことをまったく知らないＣＡさんもいます。

旅人のように生きていくと、今自分が思っている考え方は普遍的なものではない、どこでも通じる話ではないということがわかります。

そうすると、寛容になれるのです。

インドに行って、ガンジス川ですべての作業が行われているのを見ると、「世の中は多様なんだな」と気づけます。

安藤忠雄さんが世界旅行をした時に、「インパクトを受けたのはガンジス川」と言っていました。

ガンジス川では、火葬した仏様がフワーッと流れてくる横で、赤ちゃんを沐浴《もくよく》させている人、洗濯している人、お米を洗っている人もいます。

全部が同じ川でできるということです。

川でお清めをする国から考えると、「ヘエー、凄いな」と驚かされます。

多様性に気づき、自分の価値観が絶対ではないと思うようになることが寛大さを生みます。

画一化したり一様になると、すべてのことを許せなくなります。

不機嫌になるのは、「ありえない。普通はこうだろう」と考えて、寛容性がなくなるからです。

「普通」という言葉自体が死語です。

学校の「普通科」は、そもそも不自然です。
世の中に、普通はないのです。
何を基準にした普通なのかがわかりません。
「普通科」は、昔の名称にすぎないのです。

60歳からもっと楽しむために

09

自然・社会の多様性に触れよう。

ENJOY! 10

居心地のいいところを抜け出して、居心地の悪いところへ行く。

50歳になると、居心地のいいところができます。

巣づくりしてしまうのです。

自分の繭《まゆ》（コクーン）をつくって、その中に閉じこもると、その人の成長はとまります。

かかわり合う人も、昔からの人ばかりになります。

新たなことは起こらないので、変化もありません。

自分の成長もなく、新しい出会いもなく、世界も広がりません。

これでは楽しくないのです。

楽しいのは、今まで体験したことのないことを体験することです。

そのためには、居心地のいい場所を抜け出せばいいのです。

エラーしてもいいから、前へ進んでいくのです。

アメリカの女子ソフトボールで金メダルを2回とったミッシェル・スミスさんが、「日本のソフトボールは、ボールを定位置で捕る」と言っていました。

ソフトボールは塁間が短いので、定位置で捕るとセーフになります。

アメリカでは、「前へ出て捕る」と教わります。

前へ出ると、ボールは速くなります。

エラーをするリスクも高くなります。

それでも居心地の悪いところへ行かないと、人は進化しないのです。

居心地の悪い空間は「異界」です。

異界に行く必要性は、まったくありません。

必要のない異界にどれだけ足を踏み込めるかです。

50歳を過ぎて、みんなから「あの人は面白い」と言われる人と、「あの人の話はいつも同じ」と言われる人とに分かれます。

異界は、居心地が悪いのです。

居心地のいい異界はありません。

異界は今までの自分の価値観がまったく通用しないところです。

そこに飛び込んでいくのです。

異界で異人に会うことで、まわりから「あの人、面白いね」と言われるようになります。まわりから見ると、その人自身が「異人」です。

50歳を過ぎて人気のある人は、異界に足を踏み込んで、異人と接触してきたのです。

50歳までは、センターを目指します。

50歳を過ぎたら辺境を目指します。

50歳を境に、方向性が真逆になるのです。

60歳から
もっと楽しむ
ために
10

異界に遊ぼう。

第二章

もう好きなことで楽しもう。

ENJOY!

11

不完全を楽しむ。

50歳までは、完全を目指して成長しています。

50歳を過ぎると、「完全」に到達できないまま下り坂に入り始めます。

体力が落ちてマラソンのタイムが落ちてきてからが、マラソンは楽しいそうです。

体力が上がっているうちはいいのですが、50歳を過ぎて体力が落ちてきた時に、それでも楽しめるのは、楽しみ方の質が変わってくるからです。

体力があるうちは、右肩上がりを楽しめます。

体力が落ちてくると、「別のもので勝負しよう」という考え方に変わります。

体力があるうちは、抜かれるとムカつきます。

体力が落ちてくると、抜かれてもムカつきません。

「あの人は今はあれが楽しいんだね。タイムが上がって抜くことを楽しむ時期もあるけど、本当の楽しみはほかにあるんだけどな」と、余裕を持って見られます。
不完全になってきたら、完全を目指すのではなく、不完全であることを楽しめばいいのです。

60歳から
もっと楽しむ
ために
11

楽しいことより、自分の楽しみ方を見つけよう。

ENJOY!
12

50歳から、世間の目から解放される。

50歳から大きく変わるのは、「恥ずかしい」という思いから解放されることです。

「恥」とは、世間の目を気にするということです。

20歳から50歳までの30年間は、恥との戦いでした。

小さいころは「恥」という感覚はありませんでした。

学校へ入って以来、10歳から50歳ぐらいまでは、「恥」に縛られて生きてきたのです。

ベースにあるのは、「こんなことをしたら笑われる」という思いです。

ＳＮＳのない時代から、「他者承認」のがんじがらめの中で生きていて、常に世間の目を気にしていたのです。

50歳を過ぎると、世間の目が平気になってきます。

「存在自体が恥ずかしい」と悟った時点で、「ここでカッコつけても仕方ないな」と思えるのです。

自分の人生を生きられる人は、「恥ずかしい」を早く抜け出せた人です。

みっともないことをしようということではありません。

自分の好きなことをするのは、恥ずかしいです。

「あの人はあんなことが好きなんだ」と、自分の好きなことを知られるのが恥ずかしいのです。

だから、10代から、ずっと好きなことをガマンしてきました。

興味のあることについて知りたいのに、「それはなんですか」とは聞けませんでした。

してみたいことがあっても、「あの人は、あんなことがしたいんだ」と思われたらみっともないので、「してみていいですか」とは言えませんでした。

教えてもらいたくても、「いい歳して、そんなことも知らないのか」と思われたらみっともないので、「教えてください」とは言えませんでした。

その呪縛から解放されることで、初めて好きなことができるようになります。

解放される年齢が50歳です。

優等生ほど、「恥」に縛られています。

いい学校を出て、いい会社に入って、まわりから「あの人は品行方正だ」と言われている人ほど、世間のつくったイメージに縛られて動けなくなります。

「恥ずかしい」ことをすることが、人生を楽しむコツなのです。

60歳から
もっと楽しむ
ために
12

世間の目を気にしないで、恥ずかしいことをしよう。

ENJOY!

13

欲を、エネルギーに変える。

エネルギーとは、結局、「こんなことがしたい」という欲望です。

人生には、恥ずかしさに封じ込められてガマンしてきたことがたくさんあります。

50歳を過ぎたら、欲望を解放していいのです。

通常、欲望むき出しでいいのは子どもだけです。

社会人の間は、そんなことはできません。

50歳を過ぎると、ある意味社会人でなくなるのです。

まず、会社の中で仕事をさせてもらえなくなります。

給料も下り坂になります。

現場からはずれて、管理というわけのわからないデスクワークをさせられます。

そうなったら、好きなことをしていいのです。

昔の自営業は、20歳で息子が跡を継ぎました。

お父さんの年齢は、50歳ぐらいです。

そこから好きなことをするのです。

伊藤若冲が本格的に絵を描き始めたのも、伊能忠敬が突然地図に目覚めたのも、家業から離れた時です。

前からしたかったことがやっとできるのが、50歳を過ぎてからです。

ここからのエネルギーは、自分の欲望を漏らしていくことです。

絵本『おしっこちょっぴりもれたろう』(ヨシタケシンスケ作/絵・ＰＨＰ研究所)の中で、おじいちゃんは「おじいちゃんも、ちょっぴりもれているよ」と言って、子どもに共感してくれます。

漏れているのは、素直な欲望なのです。

50歳を過ぎると、子どもに返って、子どもと同じマインドを持てるのです。

欲望が漏れる時にエネルギーが生まれます。

大切なのは上手な漏らし方を覚えることです。
漏れることを恥ずかしがらなくていいのです。
没頭とは、欲望に身を委《ゆだ》ねることです。
没頭することは、すなわち修行です。
人間が一番集中力があるのは、何かに没頭している時です。
はたから見ると、楽しそうで、うらやましく感じます。
声をかけても、その声が聞こえないくらい集中しているのです。
お坊さんの無念無想の状態と同じです。
自分の好きなことに没頭する時間を持てる年代が、子どもと50歳からなのです。

60歳からもっと楽しむために

13

没頭する時間を持とう。

ENJOY! 14

自分でテーマを決める。

50歳を過ぎてから習いごとを始める人が多いのです。

習いごとは、自分でテーマを見つけられない人は続かないのです。

50歳までは、会社からテーマを与えられました。

「TOEIC®で○○点とれ」とか、上から与えられたテーマがあったから勉強していたのです。

50歳を過ぎると、上からのテーマがなくなります。

自分でテーマを見つけなければならなくなるのです。

ダンスを習いに来る人も、続く人と続かない人がいます。

テーマは自分で見つけます。先生からは与えられません。各人がみんな違うからです。

「外国に行って豪華客船に乗って、パーティーで踊りたい」

「結婚式で娘と踊りたい」

「ダンスよりも、ふだんの立ち居ふるまいがジジくさくならないようにしたい」

など、自分自身のテーマを見つけた人は、モチベーションが湧いて、レッスンを続けられます。

「何をすればいいんですか」「どんなことをするんですか」と、テーマがないのにカリキュラムを求めても続かないのです。

テーマを自分で見つけるのは難しいです。

「好きなことをしたい」と言っていたくせに、「なんでもやっていいよ」と言われた時に、「何をすればいいんですか。命令してください」という、つらいことになってしまうのです。

60歳からもっと楽しむために 14

学ぶことで、テーマを見つけよう。

ENJOY!

15

足りないのは、技能の前に覚悟。覚悟とは、デメリットを引き受けること。

技能の前に覚悟の足りない人もいます。
覚悟のある人は、デメリットを引き受けます。
覚悟とは、「これは捨てる」と、捨てるものが見えることです。
覚悟を持つ時に捨てるものは、お金と評価です。
お金と評価を捨てた人は、50代以降が凄くラクになります。
10歳から50歳までは、お金と評価のためにずっと生きています。
子どもの時は、お金はあまり関係なくても、親の評価、先生の評価があります。
社会人になると、評価が残っているところにお金が絡んできます。

結婚すると、子どもが生まれたり、養う家族が増えたりします。

そこでお金と評価を捨てることはできません。

子育てが一段落して、50代から自分が好きなことをしたいと思うなら、「お金はもういいです」「評価もいいです」と捨てることです。

お金と評価がある時、捨てるのが難しいのは評価です。

「お金はいいけど、せめて評価は……」と、最後まで手放せません。

SNSで「いいね！」を集める若者に限らず、社会人は評価を頼りに生きてきたからです。

それまでの一番の報酬は評価でした。

会社に認められたり、上司にほめられたりするためだけに生きてきたのです。

会社を辞めて評価されなくなった時に、戸惑う人がいます。

会社を辞めてから好きなことをしたいと思いながらも、心の中のどこかで評価を求めてウロウロしている人は、いつまでたっても幸せになれません。

人間は、お金や評価から解放されることによって精神的な豊かさが得られるのです。

ある人が、会社を辞めて自分で喫茶店を始めることにしました。

そのためにバイト君を雇うと給料を払う必要があります。

喫茶店を始めても、バイト君の給料が払えるほどお客様が来てくれるかはわかりません。

会社から退職金が出ても、貯金には限りがあります。

その時は、**バイト君の給料を払うために、自分がバイトに出る覚悟を持てばいいのです。**

喫茶店を始めたその人は近所のビルに清掃のバイトに行き、喫茶店はバイト君が切り盛りしています。

これが好きな仕事のために覚悟を持つということなのです。

60歳からもっと楽しむために

15

お金と評価から、自由になろう。

ENJOY! 16

他人の評価より、自分の目で判断する。

イギリスで産業革命が起きた時に新しい格差が生まれました。

今まで仲間だと思っていた人たちが、儲《もう》けられる人間と儲けられない人間とに分かれたのです。産業革命で機械や工場が生まれたからです。

それを解決するために、ベンサムが「最大多数の最大幸福」と言いました。

ベンサムの言う幸福は、物質的幸福です。

やがて、「幸福は物質だけではない。精神的な幸福もある」という考え方が生まれてきました。この考え方は現代でも通じています。

50歳まではずっと物質的幸福を求めてきたのに対して、50歳から先は精神的幸福を求めるようになるからです。

「精神的幸福」イコール「評価」ではありません。評価は、まだ物質的幸福の中です。**精神的幸福は、「いや、私はこれはいい仕事だと思う」と思えればいいのです。**

明治以降、日本の文化芸術品が外国に流れました。

その理由のひとつは、廃仏毀釈です。

もうひとつは、日本の評価とは関係なしに、外国人が自分の目で見ていいモノを買っていったからです。

もちろん、日本の美術に関しての勉強はされていますが、知識はそれほど深くありません。逆に知識がないからこそ、「これはいい。これはよくない」と、自分の鑑識眼だけで買っていったのです。

そのため、外国の美術館に、「こんなの、見たことない。これは日本に帰ったら国宝だね」というモノがぞろぞろあるのです。

そういう作品は、日本の図録に載っていません。

日本では、日本国内にあるモノだけが国宝に指定されて図録に載ります。

外国の美術館に行くと、「エッ、日本の国宝クラスの作品が、なんでこんなにぞろぞろあるの？」とビックリします。

当時の外国人は、札束でほっぺたを叩《たた》いたのではなく、日本人がみんな評価していない時に二束三文で買っただけです。日本人をだましたわけではありません。

日本人がその作品の値打ちを感じていなかったのです。評価が乱高下《らんこうげ》したり、廃仏毀釈で評価が一気に下がったことで、日本人は国宝クラスの作品を手放してしまいました。

その作品を購入した外国人は悪くありません。

自分の鑑識眼を信じる外国人は覚悟があります。

精神的幸福が得られるかどうかは、自分の目をとるか、他人の目をとるかの違いなのです。

60歳から
もっと楽しむ
ために

16

自分の目を信じよう。

ENJOY!

17

やってやろうじゃないか。

『下町ロケット』の物語は心を打ちます。

テレビドラマで言うと、１話の中で３回ぐらい、阿部寛さん演じる佃《つくだ》社長が無理難題を吹っかけられます。

社長も内心は「断りたいな」と思い、社員もみんな「断るだろう」と思っている時に、「やってやろうじゃないか」と受けて立つのは、完全に合理的な判断ではありません。

合理的な判断の中に、幸せはないのです。

人は不合理な判断をしている時、ワクワクします。

合理的な判断にはワクワクはありません。

「今、自分は明らかに間違ったことをやろうとしている」という時にワクワクし、そのワクワクに「あの人、面白いよね」と、人はついてくるのです。

安藤忠雄さんは、実績がない時に仕事をもらうには、「わけがわからないけど、面白いヤツや」と笑ってもらえることでチャンスをつかめると言っています。

「面白い人」というのは、不合理な判断をしていく人です。

お金で苦労していない人は、どうしたら自分のほうが損するかを考えています。

これがお金持ちなのです。

「今日は安いところでおごってもらって、高いところでお返ししよう」という判断をしているわけです。

「そうしたら、また次、高いところで」とは考えていません。

お金持ちになりたいと思っている人は、「ここでごちそうしておいたほうが、後で高いところで払ってもらえるかな」と考えます。

これは西洋の合理性の考え方です。

東洋は「こっちのほうが損ができる」と、不合理性で考えます。

プレゼントの誕生は、どちらが損をするかという戦いからです。

「やってやろうじゃないか」という不合理な判断をしていくことによって、精神的なワクワク感、ドキドキ感が得られます。

合理的になっていくと、気持ちがどんどんクールダウンしていきます。

合理的に考える人は、とんでもないことは起きないかわりに、ドキドキ感も手に入らないのです。

60歳から
もっと楽しむ
ために
17

不合理なことでも、しよう。

ENJOY!

18

変身することで、ありのままの自分でいられる。

以前、僕の父親から「忘年会で使うから、おまえの学生服と帽子を貸してくれ」と連絡が来ました。

僕は「お世話になっているスナックの忘年会で何か出し物をするんだな」と思って、東京へ持ってきていた学生服と学帽を実家へ送りました。

後日、写真を見せてもらうと、父親はセーラー服を着ていました。

スナックのママさんのところの忘年会で、スナックのママさんが僕の学生服を着て、父親はおさげ髪でセーラー服を着ていたのです。

これは素晴らしいと思いました。

50歳を過ぎても変身できるのです。

変身は、人間の最大の願望です。

今の自分のすべてを捨てて別の人間になることは、何よりも解放された気分になります。

変身するからこそ、ありのままの自分でいられます。

ハロウィンでみんなのテンションが上がるのは、変身しているからです。

人間は、できることとできないことをたくさん抱えています。

変身することによって、その壁を乗り越えられるのです。

50歳を過ぎたら変身したほうがいいです。

父親が、僕の学生服を着るより、セーラー服を着てゴキゲンで写真を撮っているのは素敵な生き方です。

父親は実家のスナックを閉めてから、そのママさんのスナックに毎日通っています。

たまに電話をかけて「明日、行けないから」と、休みの連絡を入れるほどです。

「明日、行くから」ではありません。

「明日、行けない」と、休みの連絡を入れるお客様ばかりなのです。

スナックをしていた父親は「ママさんを助けてやらなくちゃいけないから」と言って、お客様なのにマスターの気分でいます。

「店を早く閉めたほうがいい」とかいろいろなアドバイスをしてあげて、その中で父親の役割があるのです。

僕は、そういう父親を見て「店は閉めたけれども、相変わらずここで何か役割を見つけているんだな」と、うれしく感じました。

老けない人は、変身しながら自分の役割を見つけることができるのです。

60歳から
もっと楽しむ
ために
18
変身しよう。

ENJOY!
19

一流とは、なりたいものではなく、何かにトライすること。

若いかどうかは、トライして何かの壁にぶつかっているかどうかで分かれます。

50歳を過ぎると、「これはムリかな」というものがなんとなく見えます。

確率がわかってくると、確率を上げることはうまくなります。

その時に確率に逃げてしまう人は、「トライしないほうが打率を下げないで済む」と考えるのです。

野球の進塁手法のひとつに、3塁に走る三盗があります。

三盗はあまり意味がないことです。

ワンヒットがあれば本塁に帰れるからです。

三盗を狙うと、アウトになる可能性もあります。

それでも、三盗は観客としてはワククワクするのです。

他者が「それはムダ」と言っても、自分のこだわりですることがトライです。

できるだけ壁を避けて確率の高いところばかりを狙うよりは、みんなが避けている壁をあえて選んで向かっていくほうが楽しいのです。

若いうちは、「これをしてうまくいったら自分の評価が上がる」というほうを選びがちです。

50代の楽しみ方は、みんなが断っている仕事を自分が引き受けていくことです。

華々しい仕事は若い人にさせておいて、渋いところを持っていけばいいのです。

60歳から
もっと楽しむ
ために

19

トライする、壁を持とう。

ENJOY!

20

お金は、来世に持ち込めない。勉強は、続きからできる。

お金をコツコツ貯金しても、結局、相続税でとられるだけです。

親の財産処理をしていて、中途はんぱに家や土地が残っていると、よけいめんどくさくなります。

親は「子孫のために土地を買っておいた」というつもりですが、その土地を売るために、逆にお金がかかるのです。財産を残すことは、決して子ども孝行ではありません。

何もない状態にしておくことが、一番子どものためになるのです。

お金は、あの世まで持っていくことはできません。

前世でいくら貯《た》めても、来世には持ち込めないのです。

精神は持ち込み可能です。

前世で勉強して成長したら、来世はその続きから始まります。

どうせなら持ち込み可能なことをしておいたほうがいいのです。

「今からこんなことを勉強しても意味がない」とか「この歳で小学生がするような基礎を勉強しても間に合わない」と言いますが、そんなことはありません。

間に合わせる必要は、まったくないのです。

間に合わないことができるのが、50歳過ぎからの勉強の面白いところです。

若いうちは、つい間に合わせようとします。

歳をとると、だんだん「間に合わなくてもいい」と思えるようになります。

「死ぬ時につける証文」ぐらいの覚悟でいると、楽しくなるのです。

ライフワークとは、死ぬまでに終わらないことです。

「ライフワーク」という言葉が、いつの間にか「死ぬまでに完成すること」という解釈にねじ曲がってしまったのです。

完成までに何年かかるか聞いても、自分がいつまで生きるかはわかりません。

「何回通えばダンスができるようになりますか」という話になると、楽しめないのです。

武道のいいところは、果てがないことです。ひたすら上を目指していきます。

ゴールがないことが「道」の楽しさです。お茶のお稽古で「何回通えばできるようになりますか」と聞くのは、「何十年も通っている人は何をやってるんだ」という話になります。

仏教の世界で90歳の大僧正が「私はまだ悟っていない」と言っているのに、「何回ぐらい座禅したら悟れますか」と聞くのは失礼です。

ゴールを目指すと、楽しいのはゴールだけで、一回一回の過程を楽しめなくなります。

ゴールがなければ、一回一回が「今日は画期的」と楽しめます。

本には「何冊読めばいい」という基準はありません。

だからこそ、一冊一冊、読んでいることが楽しいのです。

60歳からもっと楽しむために

20

ライフワークとして、すぐ結果が出ないことをする。

ENJOY!

21

会社員の仕事の仕方から、職人の仕事の仕方に変える。

会社員が仕事を辞めた時、一番ショックが大きいのは肩書ロスです。

会社員だった人が突然フリーというのも、こっ恥ずかしいところがあります。

「フリーの部長」と言われても、よくわかりません。

会社員には定年があります。

職人には定年がありません。

教員から教職になればいいのです。

職人は、リターンより自分の仕事にこだわります。

自分のアウトプットする側にこだわって、相手からの見返りにまったくこだわりがないのが職人です。

時には赤字でも仕事をします。

「こんなことをしたら儲けにならない」ということや、相手は頼んでいないのに「ここまでしてしまおう」と依頼以上のことをします。

頼まれたことをするのではなく、頼まれないことをするという発想です。

ムダなことをしても、相手からほめてもらえることはありません。

時には「よけいなことをするな」と怒られます。

めんどくさくても、頼まれもしないことをしていく中に仕事の喜びを感じる人は、職人的な生き方をしているのです。

60歳から
もっと楽しむ
ために
21

○○職になろう。

第三章

歳をとるほど、愛される人になれる。

ENJOY!

22

ゴキゲンでいるだけで、まわりも自分も、楽しくなる。

50歳を過ぎると、表情が「ゴキゲンな人」と「不機嫌な人」の2通りにくっきり分かれます。

なりたいほうになれます。

それは本人が決めることです。

ゴキゲンな人にも、イヤなことは起こっています。

不機嫌な人にも、いいことは起こっています。

不機嫌な表情をするのは、そのほうがシリアスでカッコいいと間違って思い込んでいるからです。

まわりから「あの人とは、あまりかかわり合いたくない」と思われていることに気づかないのです。

不機嫌な人は、写真を撮る時もブスッとしています。

ポケットに手が入って、ムッとしています。

横柄《おうへい》なのです。

50歳を過ぎて一番愛されないのは、横柄な人です。

仕事はできなくても、横柄でない人は愛されます。

ほかの要素は、まったくいらないのです。

「今までやってきたことは、いったい何だったんだろう」と思うぐらいです。

一生懸命仕事をして、会社のために頑張って、親の言うことを聞いて、勉強して、子どものためにも家族のためにも頑張ってきたのに、横柄なだけで愛されなくなるのです。

リストラ対象の人でも、感じがいいだけで愛されます。

境目は、「ゴキゲン」か「不機嫌」かです。

「ゴキゲンでいると負け」と思っている人がいます。

会議でも、ゴキゲンでいると、「あいつ、何も考えてないんじゃないの」と、軽く見られると思い込んでいるのです。

これは勘違いです。

みんながそう思っているわけではありません。

それは個人個人の価値観の違いです。

気をつけておくことは、たったひとつ、ゴキゲンでいることなのです。

60歳から
もっと楽しむ
ために

22

ポケットから手を出そう。

ENJOY! 23

不機嫌な人より、ゴキゲンな人が誘われる。

分かれ目は、50歳を過ぎて誘われるかどうかです。

どんなにお金があっても、勉強ができても、趣味が充実していても、ごはんに誘ってもらえなければ終わりです。

あとひとりをごはんに誘う時は、不機嫌な人より、ゴキゲンな人を誘います。

その境目が毎日毎日繰り返されているのです。

ゴキゲンな人はごはんに呼ばれるので、さらにゴキゲンになります。

不機嫌な人は呼ばれないので、「なんで呼ばれないんだ」と、よけい不機嫌になるのです。

同窓会で久しぶりに会うと、何か不機嫌な人がいます。

「ああ、こうなっちゃったか」と、残念に思います。
電車の中でも、隣に不機嫌な人がいるとイヤな気持ちがうつるようで、席を変わりたくなるのです。

60歳から
もっと楽しむ
ために

23

相席で感じのいい人になろう。

ENJOY!
24

「満席です」と言われた時、「満席？」と聞き返さない。

レストランの予約をする時にも、感じのいい言い方があります。

会社員は、サービス業的なところで「オレは客だ」という意識になりがちです。

組織の人間は上下関係で生きています。社内に水平感覚はないのです。

自分が頭を下げるか相手が頭を下げるかで、常に上下関係があるのです。

会社を離れると、世の中は水平なもののほうがたくさんあります。

お客さんとしてごはんを食べに行く人が、お店の人より上にいるわけではありません。

お店の人にあまりペコペコされると、むしろイヤです。

「水平でいたい」というのが、まっとうな考え方です。

レストランの予約をする時に、「あいにく満席をいただいておりまして」と言われることがあります。ここで、「満席?」と、聞き返す人がいるのです。

レストランが満席になることはあります。

それに対して、「どういうことだ。せっかく電話をかけているのに」という態度になるのです。

「じゃあ、私はどうすればいいんだ。なんとかしろ」

と言いますが、それは自分で考えることです。

「なんとかしろ」と文句を言う人には、なんとかできても、したくなくなるのです。

これでチャンスを失います。

乱暴に聞き返す人は水平のつきあい方をしくじっているのです。

「それはいいとして。『満席をいただいております』という言い方は、いかがなものか」と、言えば言うほど、だんだん感じが悪くなります。

サッカーで言うと、イエローカードがレッドカードに変わるのです。

そんなところで損をしてもつまらないのです。


みんなに優しくしてもらいたいなら、感じのいい存在になることです。

よくしてくれるから感じのいい存在になるのではありません。
感じのいい対応をしているから、よくしてもらえるのです。順番が逆なのです。
そこそこいい会社の人ほど、末路がきつくなります。
今までペコペコされていたから、そんなものだと思ってしまうからです。
会社を離れて社会に出たら、会社は関係ありません。
50歳を過ぎると、
①「ムリを聞いてあげよう」と思われる人
②「自業自得」と思われる人
の2通りに分かれていくのです。
その人の感じのよさだけで判断されるのです。

60歳から
もっと楽しむ
ために

24

予約の時に、感じよくする。

ENJOY!
25

デメリットをいとわない人は、デメリットのある人をリスペクトできる。

大会社の社員というと、かつてはみんながリスペクトしました。

大事なのは突然、肩書が消えて、大会社の名前がなくなった時に、どうすればリスペクトしてもらえるかです。

「オレは○○会社の部長だぞ」というのは、もう通用しません。

リスペクトされる人は、デメリットをいとわない人です。

時計を修理に出して「ちょっとお時間いただけますか」と言われた時に、「いやいや、そんなていねいにしてもらったら、むしろ逆に申しわけない」と言うぐらい腰の低い人がリスペクトされます。

時間がかかったり、料金が高くなったりするのは、デメリットです。

そのデメリットを引き受ける時にリスペクトされるのです。

クレームを言いに来た人をなんとか助けてあげたくなることがあります。

クレームを言う人は困っています。たとえば、「お願いしたのと違うんですけど、なんとかなりませんか」という電話が来ました。

「担当の者に代わります」と言って、出てきた担当の人が「どうされました？」と聞きました。ここでどういう対応をするかです。

「さっき言いましたよ。普通は引き継ぐだろう。さんざん説明したんだよ」と言った時点で、担当の人は「この人には、ちゃんとしようと思わない」という気持ちになります。

ここで損をしているのです。ここでデメリットを背負えるかどうかです。

「何回言わせるんだ」と言いたくなる時に、何回でも言えばいいのです。

「サービスの本を読んだことがないのか。『お客様に何回も言わせないように、ちゃんと引き継ぎをしよう』と書いてあるだろう」と言う人もいます。

引き継ぎされるのは、あくまでベストの状態です。

ベストを基準にすると、ベストでない時にイラッとします。

ベストのことは、自分がする時にすればいいのです。

相手にベストのことをされなくても、イラッとしないことです。

不思議なことに、サービス精神のある人は嫌われます。

「オレだったらこうするぞ」というレベルが高くて、すぐにぶちキレるからです。

「あの温厚な、サービス精神のある、ホスピタリティーのある人がキレた」ということで、嫌われるのです。

普通、サービス精神のある人は好かれそうですが、そうではないのです。

お客様で行った時も、つい「私が店の側の人間だったら、絶対引き継いでいる。なんでそんなこともできないの」と言ってしまいます。

それを言っている間に、もう一度説明できるのです。

60歳から
もっと楽しむ
ために

25

デメリットをいとわない。

ENJOY!
26

ゴキゲンな人は、はずれても楽しめる。

ごはんに誘われる人は、ごはんをおいしく食べられる人です。

「おいしく食べる」と言っても、おいしいものを食べることではありません。

ハズレの時に一緒に楽しめるということです。

ハズレの時に、ムッとする人がいます。

特に、食通自慢の人が困りものです。

「あなたはこんなものをいつも食べているのか」と、説教が始まるのです。

テレビで見たからとか、雑誌で見つけたからとか、以前、看板の前を通ったからということで、初めての店に入ることがあります。

そこで、はずれることもあるのです。

古美術は「ニセモノをつかまなければ鑑識眼は身につかない」と言われる世界です。

1人で行ってはずれるのは、ショックが大きいです。

ゴキゲンな人と一緒に行くと、はずれても楽しめるのです。

50歳を過ぎて愛される人は、料理がおいしくなくても、サービスがいまひとつでも、値段が少し高くても、そこでゴキゲンになれる人です。

お金持ちで食通の人ほど、キレて損をします。

お金があって食通ならば、みんなから愛されるだろうと思ったら、そうではないのです。

60歳からもっと楽しむために

26

おいしいものを食べるより、おいしく食べよう。

ENJOY!

27

「二度と来ない」と言うと、世間が狭くなる。

ホテルでチェックアウトをする時に、隣にいたオジサンが「この金額で、このサービスというのは考えられない。もう二度と来ない」と言って帰っていきました。

二度と来ないなら、「来ない」と言う必要はありません。

それを言うと、自分もみっともないし、何かの用事でまた行くことになった時に行きにくくなります。

自分で世間を狭めないほうがいいのです。

捨てゼリフを吐くことで、そこに二度と行けなくなったら損です。

これはメンタリティーの弱さであり、想像力のなさです。

「ひょっとしたら、またここでお世話になるかもしれない」ということが想像できないのです。

「よかったです」とほめておいたら、また次にいいサービスを受けられる可能性があります。

憂さ晴らしに文句を言っても、何もプラスになることがないのです。

60歳から
もっと楽しむ
ために

27

捨てゼリフを吐かない。

ENJOY!
28

特別扱いを求める人は、出禁になる。

出禁になる人は、特別扱いを求める人です。

お店にも「私を特別扱いしてください」と言う人がいます。

そういう人は、逆に特別扱いしたくなくなります。

すべてのお店は、スナックのスタイルと同じです。

私の実家は、スナックです。

スナックは特別扱いを求めない人に特別扱いをして、特別扱いを求める人には特別扱いをしないのです。

たとえば、本などでケーススタディーとして「奇跡のホテル」と言われている五つ星ホテルに行きました。

そこで、「せっかく初めて来たのに、なんの特別扱いもない」と、文句を言う人がいます。

初めて来たのだから、ホテルの人も、その人がどんな人か把握しかねています。

「なぜサプライズがないんだ」

と言いますが、何をしたらサプライズになるかわからないのです。

この人は出禁になります。

そういうマニュアルが、ちゃんとあるのです。

一流ホテルほど出禁システムを持っています。

それがみんなに知られていないのは、出禁になった人が黙っているからです。

「もう二度とあんなホテルは行かない」

とか、

「あのホテルは全然ダメだった」

と言っている人は、出禁になった人です。

その人はホテルから出禁を言い渡されています。

「残念ながら、当ホテルでは、ご希望に添いかねます」というメールが来るのです。
「これってどういう意味でしょう」と聞かれますが、それは出禁という意味です。
その人が出禁になるようなことをしたということなのです。

60歳からもっと楽しむために

28

何をしたら、出禁になるか考えよう。

ENJOY!

29

水と花をこまめに新しいものに替える。

日常の清潔感は、家の中の花の水を替える作業をすることから始まります。

日常生活を清潔にしていくことがスタートラインです。

銀座のクラブのママさんに「どういうお客様に来てほしいですか」と聞くと、たったひとつ、「清潔感のある人」と言っていました。

「清潔感」が言葉として難しいのは、清潔感がない人も、本人としては清潔感があるつもりでいることです。

自分の思う清潔感のレベルが基準になっているのです。

まわりからすると、清潔感は大切です。

たとえば、東京から新幹線の指定席に乗った人が、あいている隣の席に自分のバッグを置きました。

品川から乗ってきた人が「すみません」と言った時に、そのバッグを降ろしました。

これは、後から来た人にしてみると、バッグはトイレでも床に置くものだから清潔ではないのです。

焼肉弁当の空箱を隣の席に広げることも清潔感がありません。

さらには、靴を脱いだ隣の人の靴下がこちらを向いていることがあります。

靴を脱いでいる本人は「靴下はちゃんとはき替えているから」と平気です。

そこではお弁当も食べにくいです。

「これで大阪まで2時間半か」と憂鬱《ゆううつ》になったりします。

清潔感は、本人も気づきにくく、個人差も凄く大きいものなのです。

清潔感をつけるためには、まず花の水を替えることから始めます。

家の中に花を置くといいのは、花は毎日しおれていくので、それをケアしたり、メンテしたりする気持ちになることです。

「この花は何日もちますか」と聞いて、その間置くのではありません。

「これは替え時だな」と自分で気づくことです。

「まだいける」という言葉は、一線を越えているのでNGです。

これが清潔感です。

僕の家は両親とも潔癖で、母親が特に潔癖でした。

「あいつは潔癖すぎるから」と母親のことを言っていた父親も、僕から見るとかなり潔癖です。

父親は常に何かを洗っています。

歳をとると、清潔感が一番大切なのです。

60歳から
もっと楽しむ
ために

29

日常の清潔感をつけよう。

ENJOY!

30

してもらっている人が、文句を言う。

歳をとると、文句が多くなります。

文句を言う人は、してもらっている人です。

自分でしている人は文句を言いません。

してもらっている人は、そもそもしてもらっていることに気づいていないのです。

してもらうことが当たり前で、永遠にしてもらえると思っています。

「してくれてありがとう」と気づく人は、次もしてもらえます。

「こんなの当たり前だろう」と思う人には、まわりは、したくなくなります。

人のために何かしてあげて文句を言われると、「もう二度としてあげるもんか」と思ってしまいます。

これは負のスパイラルです。

自分がしてあげる場合には、文句を言われたらやめればいいのです。

ここでラッキーと考えます。

文句を言わずに「ありがとうございます」「ああ、助かる」と言う人に、より多くしてあげられるし、自分の時間も生まれるからです。

してもらえていることを当たり前と思うと、幸せ感は生まれません。

してあげていることに対して文句を言われても幸せ感は生まれません。

してあげた時に文句を言われたら、「ハイ、わかりました」とやめて、気づいてくれる人にしてあげることです。

これはどちらもスパイラルで、持ちつ持たれつという考え方です。

この東洋的な考え方は一直線ではありません。

西洋は一直線に考えます。

東洋は円で、してあげている人がしてもらっていると考えます。

テレビゲームで、画面の左はしに出ていったモンスターが右はしからあらわれたり、上に上がって消えたモンスターが下から出てくるのは東洋の考え方です。

これは、地球は丸いという認識と同じで違和感はないのです。

60歳から
もっと楽しむ
ために
30

してもらっていることに、気づこう。

ENJOY!
31
夫婦の旅行は、2人きりより、団体で行く。

50歳を過ぎ、ぼちぼち子どもも自立して、夫婦で旅行する時に失敗するのは、夫婦2人きりの旅行です。

50歳を過ぎると、旦那さんも奥さんも、自分の話をひたすら聞いてほしくなります。

その2人が、他者がいないところで24時間、顔を合わせていたら、2泊3日の旅行はもちません。

いい旅の方法は、グループで旅行することです。

たとえば、3組の夫婦なら、奥さん同士、旦那さん同士でかたまって話すという形がベストです。旦那さんからすると、夫婦2人での旅行は拷問になるのです。

奥さんの話をひたすら聞くことになるからです。

家ならまだ逃げ場がありますが、旅行は逃げ場がありません。

食事の時に、奥さん同士、旦那さん同士でかたまっていると、それぞれ違う話題を話せて、ストレス発散ができます。時には別行動をすることも必要です。

奥さんは買い物に行きたい、旦那さんはゴルフに行きたいという時は、それぞれ違うことをします。旅行に行って、24時間同じ行動をする必要はありません。

いきなり定年離婚が起こるのは、今まで会社にいた旦那さんが一日中家にいることで、2人がお互いに話を聞いてほしくてぶつかるからです。

今まで旦那さんが会社にいっていたころは、帰ってきた時だけの短時間で済んでいたことでも、24時間続くと息を抜くところがなくなります。


夫婦がうまくいくコツは、適度な距離感を持つことなのです。

60歳からもっと楽しむために

31

夫婦は、つかず離れずでいよう。

ENJOY! 32

話す人より、聞く人がリスペクトされる。

50歳を過ぎてみんなから人気が出るのは、人の話が聞ける人です。

人の話が聞ける人は圧倒的に少ないので、引く手あまたの人気です。

頭がよくて、知識がたくさんある人ほど、しくじるのです。自分が話したくなるからです。

昔からの名所旧跡に行くと、現地でいろいろなお話を伺います。

よそに行ったことを組み合わせて、「これは、あれとも関連あるかもしれませんね」と言っても、ひとつも聞いてくれない人がいます。

その時、「私が今話している」と聞かない人と、「それは新しいことを聞きました」と聞く人と、2通りに分かれるのです。

まったく聞いてくれないと、「あまり話すのはやめよう」という気持ちになります。

結果として、その人の話は広がっていきません。

対談をしても、いつも同じ話しか出てこない人と、僕の話を聞いて「そういえば」と、そこから化学反応で新しいことを思いつく人の2通りに分かれます。

話していて面白いのは、お互いに聞き合って、その場で初めて思いついたことを話せる人です。初めて思いつくためには、お互いに話す必要があるのです。

数学者の発見は、コーヒータイムから生まれます。

数学者は、数学者同士で話をするのが好きです。そこから凄いヒントが生まれます。

数学学会は、コンベンションが凄く多いのです。ワークショップやカンファレンスで、ムチャクチャ話すことで、「そういえばこうだ」とヒントが生まれるからです。

数学者同士は、雑談をしていてもヒントがつかめるのです。

人の話を聞く人ほど、面白い話をたくさん持っています。

しょせん自分が持っている話には限りがあるのです。

本を読むより、人から聞く話のほうが強いです。

ネットから仕入れたり、テレビで見たものは、似たり寄ったりの話になってしまいます。

一見、情報量は多くても、同じ情報がぐるぐるまわっているだけです。

それに比べて、人間の話は膨大な情報量があります。

すべての人が面白い体験をしていて、面白い話を持っています。

その話の中には、その人の何十年の人生がなければ出てこないひと言があります。

深いひと言をどんどん吸収するために、人の話を聞く必要があるのです。

自分が話している時は、人の話は聞けません。

常に、人の話を聞く態勢がとれるようにしておくことです。

自分は話していてもいいのです。相手が話し始めた時に、自分の話をピッととめて聞く人は、「あの人、面白いよね」と言われるネタを仕入れることができます。

結局、面白いと言われる人は、話をしないで聞いている人なのです。

60歳から
もっと楽しむ
ために
32

聞いて吸収しよう。

第四章

一人を、楽しもう。

ENJOY!

33

浦島太郎は、タイムスリップしたのではない。成長したのだ。

50歳を過ぎると、まわりからだんだん友達がいなくなります。

たとえば、浦島太郎が竜宮城から帰ってくると、そこは見知らぬ土地で、知らない人ばかりです。

普通は「タイムスリップ」と解釈されます。

実際は、浦島太郎は成長して、今までの友達と話が合わなくなったのです。

浦島太郎は竜宮城で遊んでいたのではありません。

竜宮城で異界体験をすることによって、学んだのです。

美術に目覚めた人は、美術館に行ったり、美術の勉強をし始めたりします。

今までの仲間と飲みに行って美術の話をしても、まったく通じません。

今までの仲間は美術にまったく興味がないからです。

「友達だったのに話が通じない」→「知った人が誰もいない」という状況です。

これが「浦島太郎」状態です。

浦島太郎が竜宮城で美しいものに出会ったのは、美術館に行って何かに目覚めたのと同じです。

浦島太郎は最後、玉手箱をあけて、中から煙が出て、おじいさんになってしまいます。

寂しいから、元へ戻りたかったのです。

浦島太郎の話は、「新しい世界に行くと、新しい知りあいに出会える」という教訓です。

成長すると、今までの友達と話が合わなくなります。

これは仕方がありません。

それを寂しがる必要はないのです。

時には、「あいつは変わった」とか「面白くなくなった」と、悪口を言われます。

それは話が合わなくなっただけで、堕落したわけではありません。

成長しているのに、「面白くなくなった。あいつは最近、ダメになった」と言われるのです。

それはその人の基準で言っているだけです。

そんなことは気にしなくていいのです。

60歳からもっと楽しむために
33
成長して、友達が変わることを恐れない。

ENJOY!

34

つながりを作るのではない。すでにあるつながりを感じるのだ。

50歳を過ぎると、世の中とのつながりがどんどん消えていきます。
これまで増えてきた年賀状も減って、何かの会に誘われる機会も減ります。
仲間が天国に旅立つという自然減もあります。
聞いたこともないような会社に栄転する仲間もいます。
自分の仲よしが減っていくという不安があるのです。
大切なのは、つながりを感じることです。
離れているからつながりがないということはありません。
まだ出会っていない人とも、つながりはあります。
50歳までは、つながりを必死に作ろうとしていました。

実際には、つながりは最初からつながっています。

そのつながりを感じた時に、「つながりができた」と勘違いするのです。

講演に来た人で、「今日から先生とつながりができました」と言う人がいます。

今日つながりができたのではありません。

前からあったつながりに、今日気づいただけのことです。

「私もつながりをもらえますか」と聞かれますが、つながりは感じるものです。

もらうとか、もらわないとかではないのです。

「私はつながりがありますか」と言われると、つながっている側としては逆に寂しくなります。

つながりは、これから作るものではありません。

見えない糸で、みんながつながっています。

つながっていない人は、いないのです。

つながりをたどっていくと、最終的にご先祖様や神様につながります。

「つながりがない」と思うと、必死でつなごうとします。

つながりを作ろうとしている時点で、つながりに気づかなくなるのです。

60歳から
もっと楽しむ
ために
34

見えない糸を、感じよう。

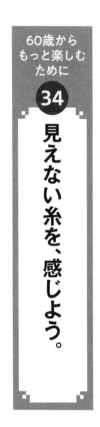

ENJOY!

35

出会いは、助けることから始まる。

出会いを求めてパーティーに行っても、出会いはありません。

助けたり助けてもらったりする中で出会いがあるのです。

難しいのは、助けることより、助けられることです。

自分のメンツが邪魔をするからです。

感じのいい人は、電車の中で席を譲られた時に、スッと座れます。

「まだそんな年寄りじゃない」と怒る人は、感じが悪いのです。

ふくよかな女性が妊婦と間違われて、席を譲られることがあります。

そこで「私は妊婦じゃない！」と怒ると、感じが悪くなります。

「ありがとうございます。よく間違えられるんです。おめでたじゃないですけど、座らせてもらっていいですか」と、にこやかに言えばいいのです。

それが出会いです。

せっかく席を譲っても、「結構です！」と、険のある言い方で返されると、その人は今後、席を譲らなくなります。

譲ってくれた人の勇気にこたえて、譲る練習をさせてあげればいいのです。

「結構です！」と断ると、車両全体にギスギスした空気が生まれます。まわりの人も「自分もこういう目に遭うかもしれない」と思って、譲るのが怖くなるのです。

助けてもらうのは、本当はラクで幸せなことです。

助けたほうも、人を助けると幸せな気持ちになります。

助けてもらうことも、相手に幸せをあげることです。

妙齢の女性がアメちゃんをくれるのは、そうすることが幸せだからです。

アメをもらう時は「大丈夫です」と遠慮しないのがマナーです。

あげるほうのマナーとしては、「なんで食べないの」と言わないことです。

相手の食べたい気分を優先します。
集中している時は、アメは食べられません。
「私があげたアメをなぜ食べないの」とまで言うと、重苦しく思われるのです。

60歳から
もっと楽しむ
ために
35

助けよう。

ENJOY!

36

行動することで、出会いが生まれ、思いやりを持つことで、つきあいになる。

出会いは、向こうから来るのを待っていても生まれません。

自分から行く必要があります。

50歳を過ぎると、お客様は常に向こうから来るものだと思い込んでいます。

そこそこの役職がついてくると、じっとしていても、向こうから来ます。

受付から「○○さんにお客様です」と連絡を受けて、向こうから来るのが当たり前になるのです。

出会いには2つあります。

①出会い

これは、行動することで生まれるものです。

②出逢い

これは、会った人に思いやりを持ち、自分がデメリットを引き受けたり、何か役に立つことをしたりするような利他的な精神によるめぐり合いです。

ただ「出逢いたい」と言っても、自分が相手から利益を得ようという意識でいくと、利己的になってしまいます。

利己的になると、つきあいにつながりません。

つきあいになるかどうかは、相手の役に立てるかどうかです。

「○○してください」と相手が言わなくても、「この人だったら、こういうことをしてあげたらきっと喜ぶだろう」と考えることです。

相手の役に立つことが何か見つかります。

相手がそれを喜んでくれることもあれば、時にははずれて、おせっかいになることもあります。

それでもトライして、「おせっかいだ」と言われたら、そこでやめればいいのです。

まず利他的精神を持つことで、つきあいが生まれるのです。

60歳からもっと楽しむために

36

利他的精神を持とう。

ENJOY!

37

一緒にいるだけで、笑顔でいられる人になる。

十和田市現代美術館館長の小池一子さんが、あるパーティーのスピーチで、「あの人と一緒にいると、美しいものが見られて、おいしいものがいつも食べられて、いつも笑っていられるの」とおっしゃっていました。

僕は、この言葉が印象に残っています。

「一緒にいるだけで笑顔でいられる」というのは、「何をする」ということとは関係ないのです。

「何をするから楽しい」という発想は、人は関係ありません。

50歳までは「何をするか」でも、50歳を過ぎたら「誰と」を大切にします。

「ごはんを食べましょうよ」と言われた時に、「エッ、何食べるの？」と言う人がいます。

これは、ごはんの種類によって行くかどうか決めるということです。

それよりは、「行きましょう」でいいのです。

「旅行に行こう」と言った時に「どこに行くの？」と聞かないことです。

中谷塾の遠足塾では、塾生をいろんなところに連れていきます。

最終的に楽しいのは、「ただぶらぶら歩くこと」です。

それが一番いろいろなことを教えられます。

「ここにこんなのがあるよ」と教えるだけの名所旧跡は、一人で行けばいいのです。

何もないところをただぶらぶら散歩して楽しむことのほうが、その人の美意識をより磨けます。

「この人とぶらぶら散歩しているとなんか楽しい」と思えることがいいのです。

「散歩して何が楽しいんだ」という感覚は、精神的に貧しい感じがします。

たとえば、国宝や重要文化財は凄くありがたく鑑賞しても、土産物屋で売られているモノに興奮できないのは寂しいです。

みうらじゅんさんといとうせいこうさんが土産物屋であれだけ高ぶっているのは、精神的に豊かだからです。

中島誠之助さんとテレビ番組で吉野に行った時、「中谷さん、いいモノを見つけましたよ」と言われました。

中島誠之助さんが見つけたのだから凄いモノだろうと想像していたら、「この耳かき、使いやすい」と言われて、さすがだなと感服しました。

土産物屋のモノでも「いいですね」と言われると、「そういうモノも見られるのか。古伊万里だけじゃないんだ」と、一緒にいて楽しめるのです。

60歳からもっと楽しむために

37

一緒にいて楽しい人になろう。

ENJOY!

38

信じるとは、想像できることだ。

50歳を過ぎると、だんだん人間不信感が強くなってきます。

いろいろ経験していると、「人を見たら泥棒と思え」というリスク感覚だけが残るのです。

経験が増えることで、「想像力が大きくなる人」と「小さくなる人」に分かれます。

何かを判断する時は、経験と想像の両方で判断します。

想像力が減ってくると、人を信じることができなくなります。

人類の脳が発達したのは、トナカイを追いかけていた石器時代です。

トナカイを獲《と》れる人もいれば、獲れない人もいます。

獲れなかった人に「今度返しますから、トナカイの肉を貸してくれませんか」と言われた時に、獲れた人が貸すかどうかです。

その人は初めて会った知らない人です。

今日獲れなかった人が今度獲れるという保証はありません。

しかも、定住生活ではないので、その人にまた会うかどうかもわからないのです。

ここが想像力の分かれ目です。

ここでトナカイの肉を貸せる人は、信じる力があります。

「信じる」とは、いいことの想像力です。

ひょっとしたら、この人もトナカイを獲れることがあるかもしれない。

ひょっとしたら、この人とまた会うかもしれない。

ひょっとしたら、自分が獲れないこともあるかもしれない。

それを想像できたら、「貸してあげよう」と思えるのです。

自分が貸したとしても、相手が覚えていなくて、「そんなことありましたかね」と言われる可能性もあります。

それでも「この人はいい人で、返してくれる」と思えるのが想像力です。

60歳から
もっと楽しむ
ために

38

想像力を、つけよう。

想像力が固まったものが「信じる」ということです。
想像できないことが「信じない」ということです。
「想像」とは、いいことを思い描けることです。
50歳を過ぎて人間不信になると、日常が楽しくなくなります。
そうならないために、想像力をつけていきます。
今までの経験の延長線上だけで考えないことです。
今まで経験していないことを想像する力をつけることが大切なのです。

ENJOY!

39

身の上相談は、共依存になる。

歳をとると、身の上相談されるのが大好きな「相談魔」になる人がいます。

悩んでいる人がいると、すり寄っていきたくなってしまうのです。

これは女性に多いです。

相談されることによって自己確認をします。

男性はアドバイスをしてあげたい、女性は聞いてあげたいのです。

解決は望んでいません。

その悩みごとが長引けば長引くほど、ごはんがおかわりできるという状態になっていくのは共依存です。

相談魔にはならないことです。

相談している側は、相談にのってくれる人がいることによってどんどん甘えてしまいます。相談を受けている側も、相談している人に甘えてしまいます。

2人でもたれ合う共依存は、ダメ男とつきあう女性がダメになっていくのと同じ形です。

特に歳をとると、相談ごとが一番好きなおかずになりがちです。

それよりは、自分のことで生きていけばいいのです。

チャレンジしている人は、他人の話を聞いているヒマはありません。

聞かれた時は、ひと言アドバイスして終わりです。

アドバイスは、ひと言で十分です。

聞いてもいない人に、「老婆心ながら」と言ってアドバイスする必要はないのです。

60歳から
もっと楽しむ
ために

39

相談魔にならない。

ENJOY!

40

好きなことをするのではない。好きなやり方でするのだ。

50歳を過ぎると、会社でも自由な時間ができます。

やっと「好きなこと」をできるのに、好きなことが何かわからないのです。

ネットで「好きなこと」と検索しても出てきません。

「町内会の理事をやってもらえませんか」とかの頼まれごとは来るのです。

好きなことがやっとできると思ったのに、来るのは、めんどくさいことで、あまり好きでないことばかりです。

サラリーマンだった時と、たいして変わらないのです。

50歳を過ぎても、好きなことは転がっていません。

あるのは、たったひとつ、好きなやり方だけです。

マンションの理事をするのにも、自分の好きなやり方があるのです。

ルパン三世は、お宝が好きなのではありません。

お宝の盗み方に、自分の好きなやり方があるのです。

最終的に、お宝は不二子ちゃんにあげてしまいます。

欲しいのは、自分のやり方を試すことです。

だからこそ、みんなルパン三世に憧れるのです。

50歳を過ぎて頼まれたらなんでも引き受けて、「好きなやり方」でやるのが楽しいのです。

60歳からもっと楽しむために

40

なんでも引き受けて、好きなやり方でやろう。

第五章

思考停止に、気をつけよう。

ENJOY! 41

ラクな服装になると、一気に老化する。

オシャレだった人が、会社員を辞めると一気に老けることがあります。

原因は、服がカジュアルになることです。

サラリーマン時代は、スーツを着ていました。

サラリーマンを辞めると、なぜか上下の色を替えてくるのです。

これには理由が2つあります。

まず、カジュアルを着なれていないからです。

もうひとつは、上下で色を替えたほうがオシャレだと勘違いしているからです。

しかも、もともと上下のスーツのズボンとジャケットを、違う組み合わせにするのです。

これが最もダサい形になっていることに、本人は気づいていません。

これをし始めると、一気に老け込んでいくのです。

顔は若いし、本人も「自分は若い」と自信を持っています。

それでも「やっぱり年相応だな」と思われるのは、上下の色が違う時です。

逆もあります。

学生時代にクラシックバレエをやっていた男性が会社に入ったら、突然ダサくなりました。

会社全体がダサいので、染まってしまうのです。

同じ業界の中で「長」のつく役職になった人が、辞めてから中谷塾に来ています。

まず直したのは、服をスーツに替えたことです。

見違えました。

一気に若くなって、言動や自己肯定感もまったく変わりました。

まるで別人です。

その辺にある服をただ着るだけになると、センスが悪くなります。

今までスーツを着ていた人は、逆にスーツのよさに気づいていません。

スーツは堅苦しいとか、窮屈と思っているのです。

やっとスーツとネクタイから解放されたという反動で、カジュアルな服を着て、お年寄りになってしまうのです。

若い人でも上下で色違いの服を着ると、一気におじいさん化していきます。

女性脳は色彩感覚があるから気づきますが、男性脳は紺と黒の違いに気づきにくいのです。

スーツの上下を入れ替えたというのは、ひと目でわかります。

色を替えるなら、単体で売っているジャケットを着ないとヘンなのです。

60歳から
もっと楽しむ
ために
41

上下色違いを着ない。

ENJOY!

42

疲れるのは、願望を増やして、覚悟を持たないから。

50歳を過ぎると、体力が落ちて疲れやすくなります。
疲れるのは「願望」と「覚悟」の関係性の問題です。
願望だけあって覚悟がないと、疲れるのです。
願望と覚悟を相殺《そうさい》すれば、体力が少々落ちても大丈夫です。
若いうちは願望が強くて覚悟がなくても、体力で補えました。
50歳を過ぎたら、覚悟のある人とない人とで、くっきり分かれます。
願望を減らせばいいということではありません。
覚悟を持てば、願望をどんなに持ってもいいのです。
たとえば、現代美術館は遠くて不便です。

行くと外国人だらけです。

外国人はどうせ極東まで来ているのだから、少々不便でもたいして問題はありません。

日本人のほうが「エー、ここからまだそんなにかかるの」と、文句を言っているのです。

たとえば、奈義町《なぎちょう》現代美術館は、岡山駅から1時間40分です。

そこにも外国人が大勢来ています。

外国人はレンタカーを借りて行きます。

「めんどくさい」と言い始めた瞬間に、その人は覚悟がないのです。

「どこかおいしいお店を紹介して」と聞かれて、「地元の食材で、おいしいお店が鎌倉にあるよ」と言うと、「エッ、鎌倉?」と、ビックリされました。

鎌倉でビックリされたら、箱根のおいしいお店はとても言い出せません。

ミシュランに載っている三つ星レストランは、パリから泊まりがけで行くところばかりです。

それでもみんな平気で行きます。

そもそもミシュランはタイヤメーカーなので、クルマで行くおいしいレストランを紹介しています。

歩いて行けるところはないのです。

飲み会でさえも、「家の帰り道じゃない」と、幹事にグズグズ文句を言う人がいます。

その人は覚悟がありません。

これが疲れるのです。

疲れるかどうかは、体力だけでは決まらないのです。

覚悟のない人は、お金でなんとかしようとします。

「いや、お金出すから」と言うのです。

お金を出しても疲れは解消できません。

お金と覚悟は交換不能です。

覚悟を持たないかわりに、お金でなんとかしようとする行為を「甘え」と言うのです。

本人は「お金でなんとかなるだろう」と思っています。

甘えている意識はないのです。

60歳から
もっと楽しむ
ために

42

お金を出せばなんでもやってもらえるという甘えを捨てよう。

ENJOY!

43

進化していないと、劣化している。劣化していることにも、気づかない。

50歳から楽しめる人は、学び続けている人です。

過去の学びのストックでなんとかしのごうとする人は、楽しめません。


ダンス教室に、レッスンには来ないのに、パーティーにだけ出てくる人がいます。

「自分はもうできているから」と言うのです。

女性を誘って踊ろうとするのですが、「あの人に誘わないように言ってください」と、みんなが先生にお願いしています。

それはレッスンに来ない人が成長していないからです。

当のご本人は気づいていません。

レッスンに来ている人は、レッスンに来ていない人の劣化に気づきます。

3カ月間のレッスンで、よく練習している人とまったく練習していない人の違いは、一緒に踊ると一瞬でわかります。

うまいヘタではなく、3カ月間の時系列の変化を感じるのです。

まったく練習していないのに、ゴキゲンで誘いに来られても困ります。

特に、男性のリードがヘタだと、女性もヘタに見えてみっともないのです。

先生が**劣化していることを本人に伝えればいいのですが、レッスンに来ないので伝えられないのです。**

これはつらいです。

人間は、放っておくと劣化していきます。

「現状維持」はないのです。

レッスンは継続的に続けることが大切です。

ダンスに限らず、レッスンなしにパーティーにだけ出るという状況は、すべてのことにおいて起こります。

かつては自分のほうが先輩だったのに、いつの間にか後輩に追い越されていることがあります。

成長を続けていないと、追い越されたことにも気づけないのです。

60歳から
もっと楽しむ
ために

43

練習しないで、パーティーに出ない。

ENJOY! 44

固定観念とは、思考停止することだ。

勉強しないのは、思考が停止するということです。

そうなると、今までしてきたとおりのことだけをするようになります。

勉強とは、「今までしてきたことと違うこと」をしたくなることです。

今まで置いていた場所から1センチでも横へ動かそうという気持ちになるのです。

昔からしてきたことに、なんの疑問も感じないことが「固定観念」です。

固定観念を持つ人は、自分が固定観念を持っていることに気づきません。

「そんなの当たり前でしょう」と言うのです。

勉強していると、当たり前だと思っていたことが当たり前でなくなります。

むしろ真逆に正解があったことに気づくのです。

今までうまくいかなかったことはしないとなると、行動力がなくなります。

自分も相手も状況も、常に変わっています。

以前うまくいかなかったことをもう一回やり直してみると、うまくいくこともあります。

たとえうまくいかなくても、それをすることで状況が変わるのです。

思考停止はゾンビ状態です。

心肺停止よりも、もっと「死」に近いのです。

ゾンビは生きていた時にしていたことをします。

買い物をしていた人は、ゾンビになってもショッピングセンターに行きます。

何をもって「死」と考えるかです。

思考停止は「死」です。

新しいことをしている限り、「死」ではないのです。

60歳から
もっと楽しむ
ために

44

「前も、うまくいかなかったから」と言わない。

ENJOY!

45

言葉どおりに受け取らない。善意に解釈する。

50歳からは、頭が固くなって、コミュニケーション能力が落ちてきます。

まじめな人ほど、言葉を額面どおり、文字どおりに受け取ります。

言葉は文字どおり受け取ってはいけないのです。

映画『ギフテッド』で、育ての親である叔父のフランクさんと姪《めい》のメアリーがケンカするシーンがあります。

フランクが「おまえなんかもういなくていい。おまえのせいで自分の時間が持てない」と言うと、メアリーは泣いてしまいます。

フランクは「ゴメン、思ってもみなかったことを言った」と、謝りました。

「人間は時として思ってもみなかったことを言うんだよ。おまえだって、ピアノを買ってもらえなかったら、『フランクなんか、死んじゃえ』と言ったろう。本当に死んじゃえと思ったか」と聞くと、メアリーは「いや、そうじゃない」と答えました。

たしかに、言葉のあやで思ってもいないことを言うことはあります。

それを文字どおり受け取ると、コミュニケーションがギクシャクするのです。

50歳を過ぎると、親が亡くなるということが起こります。

親が亡くなった時に、きょうだいが親の悪口を言ったりします。

そこで「そんなひどいこと言うな」と怒る人は、言葉を額面どおり受け取っています。

悪意ではなく、愛情表現の裏返しとして悪口を言うこともあるのです。

ここで怒るのは、自分が一番親を愛していたと思いたいからです。

「きょうだいが親の悪口を言うんですよ。なんとかなりませんか」と、相談に来た人がいました。

それは「自分が一番親を愛しているということを誰か認めてくれ」と、すがっているのです。

そんなことは、亡くなった人はすべてお見通しです。
誰が一番愛しているかなんてどうでもよくて、みんな愛しているのです。
人間関係が減ってくると、人のことに口出ししたくなります。
せっかく人間関係が減ったのだから、自分のことに集中すればいいのです。
そうすれば、誰が一番とか、そんなことはどうでもよくなります。
まわりに目が行っていると、「私が一番」という気持ちが起こります。
自分のことに集中すれば、他人と比較しなくなるのです。

60歳から
もっと楽しむ
ために
45

自分の人生に集中しよう。

ENJOY!
46

仕事中にバリバリ仕事をする人が、仕事以外の時間で、バリバリ勉強できる。

ぼちぼち会社をリタイアする時期になると、仕事のモチベーションがだんだん下がってしまう人がいます。

会社にいる間はまだ仕事があります。

残りの期間がわずかなら、その間、仕事を頑張ることです。

モチベーションの下がった人は、仕事の時間に自分の趣味のことをします。

仕事中に自分の趣味のことをし始めると、今度、仕事がなくなった時に趣味を楽しむことができなくなります。

そういう人は、仕事がなくなると、また仕事をしたくなるのです。

目の前の仕事をする時間に、違うことをし始めるのではなく、今の時間に集中して楽しむことです。
勤務時間中に仕事を徹底的に楽しむ人が、リタイアした時に、今度は趣味に没頭できるのです。

60歳から
もっと楽しむ
ために
46

仕事中に、仕事以外のことをしない。

ENJOY!

47

「弱い自分を見せたくない」は、人の役に立つことで、自信がつく。

50歳を過ぎると、「弱い自分を見せたくない」と考えがちです。

これが弱っている証拠です。

歳をとると、精神的にどうしても弱ってきます。

弱れば弱るほど、弱い自分を見せたくない気持ちが強くなります。

この時、威張るのは逆効果です。

自信のなさを乗り越える方法は、弱いところを見せるか、人の役に立つかなのです。

「人の役に立っている」と感じることが自信につながります。

「あいつより、オレのほうが優秀だ」ということでは自信はつきません。

「もっと優秀な人が出てきたらどうしよう」と、心配になるからです。

どんな小さなことでもいいので、「役に立っている」「自分の役割がある」と感じればいいのです。

役割のある人は、居場所があるということです。

結局、自己肯定感は居場所から生まれるのです。

人間は居場所が見つかることで、「この居場所でもっと頑張ろう」と思うようになります。

ホームパーティーは、居心地がよくありません。

「中谷さん、こっちに座って」と言われても、座っているだけでは居心地が悪いのです。

参加者におそば屋さんがいて、「中谷さん、こっちに座って」と呼ばれました。

外国人モデルの間に座らされていて、「僕、英語できないから」と言うので、「かわりましょうか。日本人には出べそがいないという話題です。そんなにたいした話題になっていないですよ」と、会話の内容を説明しました。

これが役割なのです。

「中谷さん、上座に座って」と言われましたが、料理をしている人がいたので、取り分け係とお皿片づけ係が必要だと思い、「僕、取り分け係をします」と言いました。

これで居場所が見つかりました。

することがないという状況が一番大変なのです。

居場所があると、「取り分けに関しては、後から来る人もいるし、早く片づけないといけないし、分けにくい人数が来るし、どうしたらいいか」と、工夫するアイデアが湧いてきて、その時間を楽しく過ごせます。

役割がない時は、居場所がありません。

自分で係を見つければいいのです。

それが居場所になります。

何もしないでふんぞり返って座っているのは、一番居心地が悪い状態になります。

自己肯定感は、自己満足とは違います。

自己満足は、「私はできている」と感じることです。

「私はできている」は、どこかで「できているか？」という疑問になるのです。

まわりからは、「あの人、成長ないよね」と言われてしまいます。

自己肯定感は、「私はできている。工夫したらもっとできる」と感じることです。

「まだ私には伸びる余地がある」と感じるかどうかが、自己肯定感と自己満足との違いです。

50歳は、ちょうど自己満足は得られていて、それを自己肯定感に切りかえる時期です。

「私はできている」「それなりの満足感がある」「足るを知っている」→「さらにもっと工夫したら、もっとできるという余地がまだあるから頑張ろう」「まだまだいける」と思えるのが、自己満足から自己肯定感への変化です。

自己満足は、一歩間違えるとうぬぼれに転んでいくのです。

60歳からもっと楽しむために

47

人を助けることで、やりがいを感じよう。

ENJOY!

48

手術になった時は、決心までのロスタイムを減らす。

歳をとると、いろいろな病気が出てきます。

体もあちこちガタが来ます。

1カ所ではありません。

実際は、あちこちガタが来るのが健康です。

1カ所にガタが来るのは損です。

1カ所だけが使えなくなるというのが一番もったいない使い方です。

体はまんべんなく劣化させていくことが大切です。

時には、治療・薬・検査・手術も必要になります。

こういう人のほうが、結局、ご長寿になるのです。

多病息災でいいのです。

「ここが痛い」「あそこがしんどい」と、いろいろなことを言っているうちがいいのです。

その時、へこむのが手術です。

「手術」と言われた時に、「もう終わった」と感じるのです。

これは解釈を間違っています。

「手術しません」と言われたら、手遅れということです。

「手術しましょう」と言われたら、間に合うと言われているのです。

そういう意味で、手術ができてよかったと思うことです。

ここで頑張るのはNGです。

頑張るのはお医者さんのほうです。

「じゃ、私は何を頑張ればいいですか」と、よけいなエネルギーを使う必要はありません。

一番いいのは、「私は手術したほうがいいと思います」と言われた時に、「ぜひお願いします」と即答することです。

手術するまでのロスタイムをできるだけ短くするのです。

手術は早くしたほうがいいからです。

「手術できてよかった」と考えて、「うまくいくかいかないか」ということで頭を使わないことです。

「治ったらあれをしよう」と、手術した後に自分がしたいことを考えます。

これで術後の経過もよくなるし、手術もうまくいきます。

とにかく手術で一番大切なことは、体力です。

体力を一番消耗するのはメンタルです。

クヨクヨしているのが、手術には一番よくないのです。

「終わったら何をしよう」と楽しいことを考えるのがベストな状態です。

お医者さんもそれを望んでいます。

手術になって「オレはあちこち具合が悪いから死ぬ」と言っている人ほど、ご長寿です。

「オレはもう死ぬんだ」「若いうちに死ぬ予定だった」と言っている人のほうが、結果として長生きします。

人生は、長生きしたほうが勝ちなのです。

60歳から
もっと楽しむ
ために

48

手術までにすることより、手術の後したい楽しいことを考えよう。

ENJOY!

49

素直とは、委ねることだ。考える前に、感じることだ。

50歳を過ぎると、一気に頑固さが増してきます。

「頑固」の逆は「素直」です。

素直とは、委ねることです。

仕事ができる人ほど、「自分が仕切らないと」「委ねたら負け」と思っています。

50歳を過ぎると、勝ち負けにこだわらなくなります。

ラクになります。

たとえ抜かれても、「どうぞ抜いてください」と思えます。

むしろ気持ちよく抜かせてあげるほうが勝ちなのです。

「委ねる」とは、考えないで、感じることです。

ダンスで、「次、どうするんですか」「前進ですか。後退ですか」「これはイングリッシュワルツですか。ウインナーワルツですか」と考えている人からは、何も伝わりません。

動いたら体で伝わります。

言葉で「次、右」「次、左」と考えているダンスは、楽しくないのです。

「考える」と「感じる」は、同時にはできません。

考え始めた瞬間に、感じられなくなるのです。

お経は、もともとサンスクリット語です。

サンスクリット語の音を中国の漢字に置きかえたものを、日本でそのまま読んでいるのです。

お坊さんに「やっぱり、お経は意味を思い浮かべながら読んでいるのですか」と聞きました。

「いや、意味を考えていたら読み間違えます」と言われました。

これが「感じる」ということです。

あの声の響きと音の響きが、ありがたいのです。

『般若心経』の本文は２６６文字あります。

前半は、「人生はしんどいよ」としか言っていません。

「そのしんどいのを乗り越えるために、いい方法を見つけたよ。呪文があるんだよ」ということで、最後の20字ぐらいで「羯諦羯諦（ぎゃーていぎゃーてい）、波羅羯諦（はらぎゃーてい）、波羅僧羯諦（はらそうぎゃーてい）……」という呪文を唱《とな》えて終わりです。

ニュアンスは音の響きから想像がつくのが、さすがお経です。

「行け行け。もっと行け。走れ」と言っているのです。

特殊部隊が乗り込む時の「ゴー、ゴー、ゴー、ゴー」いうかけ声です。

意味よりも、音の響きのほうが大切です。

考えてしまうのは、いい歳して失敗したら恥ずかしいからです。

「年寄りの冷や水」と言われたくないからです。

若いうちは誰でも失敗します。

60歳から
もっと楽しむ
ために

49

失敗を、恥じない。

50歳を過ぎても失敗できるのは、むしろカッコいいのです。

まわりからも、「あの歳で、あれだけの失敗ができるのか」と、うらやましがられます。

失敗しないように中途はんぱに守りに入るよりも、「失敗したよ」と失敗自慢ができることが、50歳を過ぎてからの楽しみ方なのです。

ENJOY! 50

格差社会と言う人は、物事を一面的にしか、捉えていない。

「今の世の中は格差社会だ」と文句を言う人がいます。

世の中に格差社会はありません。

格差社会とは、単にお金を軸に見て言っているだけです。

お金持ちが必ずモテるとは限りません。

上場して、ストックオプションで何十億円と税金を払った社長が、「中谷さん、長者番付に載ってもモテないですね。上場してお金持ちになったらモテると思って頑張ったのに、これはどういうことだろう」と言っていました。

お金持ちは、アメリカではモテモテでも、日本では意外にモテないということです。

お金とモテる軸はまた違うのです。

世の中にはいろいろな軸があるので格差はありません。

世の中の軸は、お金だけに基準を置くと、物事を一面的にしか捉えていないので順位がついてしまいます。

多面的に見ると、順位はつきません。

50歳からは、「一人1ジャンル」です。

全員で1ジャンルなら格差がつきます。

一人1ジャンルの中に格差はつきません。

その競技の参加者は1名だからです。全員が金メダルです。

物事を多面的に見たり、多様性を感じている人は、「これでは負けているけれども、これでは勝つ」と考えることができるのです。

60歳から
もっと楽しむ
ために

50

物事を、多面的に見よう。

ENJOY!

51

ひとつの勉強をしていれば、ほかの勉強も怖くない。

「変化なんかしたら、今まで私が積み上げてきたものがすべてゼロになるじゃないですか。どうしてくれるんだ」と、変化を怖がる人がいます。

今まで積み上げてきたから次へ行けるのであって、今までを否定しているわけではありません。

今までは今まででいいのです。

「これまでの30年の生き方はこれで正しかった。もう次のことをしてみないか」と言うと、「だって、そんなことをしたらどん底に落ちる」と言う人がいます。

変化をしても、どん底ではなくゼロになるだけです。

「ゼロ」と「どん底」は違います。

「どん底」は「ゼロ」よりもっと下です。

「新しいことなんかうまくできない。そうしたら若造と同じことをしなければいけない。いじゃないか」と文句を言わないことです。

できないのではありません。

今までしてこなかっただけです。

新たなことをしようとする時は、みんな同じスタートラインです。

新しい勉強を始める時は、みんな同時にスタートすればいいのです。

変化を怖がらない人は、何かひとつの勉強をしたことがある人です。

勉強は一からするものです。そこでは年齢は関係ありません。

中谷塾の塾生の吉澤明さんは、狂言を習いに行きました。

師匠が狂言を直接教えてくれるのです。

吉澤さんより10分前に小学生が入門しました。

その小学生は、吉澤さんにとっては兄弟子《あに》さんです。

吉澤さんは企業の社長さんです。

それでも、10分前に入門した小学生は兄弟子《あに》さんです。

年齢にとらわれない関係で一から勉強できるのは新鮮です。

10万人規模のベンチャー企業の社長さんと会った時、「中谷君、僕、前の会社を辞めたんだ。今は新しい会社をつくって、社員5人だけどめっちゃ楽しい」と言っていました。

僕は「この人は、根っからのベンチャーの経営者なんだな。凄くいいな」と感じました。

ベンチャー企業は大きくなったらつまらないのです。

小さいところから大きくしていくプロセスが一番ドキドキするわけで、大きくなると既成の大企業と同じです。

50歳を過ぎても、変化を恐れず勉強することで楽しめるのです。

60歳から
もっと楽しむ
ために
51

一から勉強しよう。

第六章

歳をとるほど、運気をアップさせよう。

ENJOY!

52

トイレを探して、新たなモノに出会う。

50歳を過ぎると、トイレが近くなります。

これにはメリットがあります。

僕も外へ行くと、よくトイレを探しています。

地下鉄の駅は、工事が多いのです。

待ち合わせ場所の近くの駅で降りると、以前あった場所にトイレがなくて、延々と探すことになります。

ただでさえ地下鉄は構造が複雑です。

駅員さんに聞くと、「反対側にありますよ」と言われました。

「この10両編成の反対側を教えるのか」と、ガッカリします。

駅員さんは、あくまで駅の中のトイレを教えています。

駅を出た最寄りのトイレを教えているわけではありません。

ここでムッとしないことです。

駅の反対側にしかトイレがない時は、セオリーとして、駅の近くに必ずトイレがあります。

トイレを探していると、「こんなところに本屋さんがあった」と発見することがあります。

僕は、新しい本屋さんは、ほぼ、トイレを探している時に見つけます。

これからは待ち合わせの時にその本屋さんが使えるのです。

トイレを探すことによって、新たな道、新たなお店と出会えます。

一直線に目的地に行っていたら、出会えていません。

寄り道をすることによって、新たな出会いがあります。

トイレに行きたくなるのは、神様が人間の行動力をいい具合に喚起してくれているのです。

僕は、レストランに行くと必ずトイレに行きます。

いいレストランかどうかは、トイレを見るとわかります。

トイレがオシャレなところは、「ここまで気を使っている。いいお店だな」と感じます。

一方で、インテリアはきれいでも、トイレはドンマイなところもあります。

トイレを見ることで、そういうことが全部わかるのです。

トイレが近いことは、その人の行動力を喚起して、新しいものとの出会いを生み出します。

「迷子になる」という楽しみがあるのです。

60歳からもっと楽しむために
52
迷おう。

ENJOY!

53

ひと口のお水をおいしくいただく。

たとえ1杯の水でも「おいしいね」と言えることで、人生が楽しくなります。

個人タクシーに乗って、「運転手さん、いいクルマだな」と言うだけで、車内の空気はよくなります。

つくっているのは、空気です。

人は料理を味わっているのではなく、空気を味わっているのです。

お茶室には花と掛軸が置かれています。

お花や掛軸を置くことで、空気が変わります。

お茶をいれる作業によっても空気が変わります。

日の当たり具合を計算したり、香りが立ったり、お湯を沸かす釜の音が鳴っていいます。

それらはすべて、最終的に見えないい空気をつくっているのです。

モノを味わっているのではありません。

いい空気をつくる存在になって、いい空気を味わえるようになることが大切なのです。

60歳から
もっと楽しむ
ために

53

空気を味わおう。

ENJOY!
54

ベッドに「ありがとうございます」と入る。

50歳を過ぎると、感謝しなくなります。

「ありがとう」という言葉がだんだん減ってきます。

してもらって当たり前に感じてしまうからです。

目下の立場で、まだ目上の人が多い時は「ありがとうございます」と言います。

年功序列でただ上に上がって「ありがとうございます」と言われる側にまわる人は、「ありがとう」と言わなくなります。

人は、「ありがとうございます」と言っている間は謙虚で、感謝の気持ちを持てるのです。

「ありがとうございます」と言っていないと、「なんかハッピーじゃないんじゃないかな」という気分になったり、「ありがとうございます」と口がまわらなくなります。

頭の中で言う「ありがとうございます」という言葉は、ふだん使う言葉の検索ランキングでずっと下になっているのです。

「ありがとう」よりも、「私」や「どうなってんだ」のほうが上に来ます。

「ありがとう」を口グセにしてしまうと、検索ランキングでどんどん上に上がります。

僕は毎日ベッドに入る時に「あ〜、ありがとうございます」と言うのが口グセです。

この1回は大きいのです。

そのタイミングで寝たら、その日の最後に言った言葉です。

一日の締めの言葉が「ありがとうございます」なのか「やってらんないよ」なのかで、寝ている間や起きた時、翌日の気分も違います。

起きる時は、「おはよう」の前に「あ〜、ありがとうございます」と言うことです。

それは、ベッド・神様・人間・家族の誰が聞いていてもいいのです。

家族と住んでいる場合は、「ありがとうございます」というひと言がボソッと部屋から聞こえることで、「あ、自分に言ってくれたのかな」「あの人は不愛想だけど、感謝しているんだな」と思ってくれる可能性もあります。

「ありがとう」は流れ弾がどこに当たってもいい言葉なのです。

「やってらんないよ」という言葉は、もめごとのもとです。

その人に言ったのではないのに、「どういうことよ」という話になってしまいます。

歳をとると、「ありがとうございます」という言葉がどんどん省略されて、「どうも」や「おう」と言ったり、無言で済ませる人がいます。

常に、呼吸するように「ありがとうございます」と、口をついてすっと出ることが大切なのです。

60歳から
もっと楽しむ
ために
54

「ありがとう」を口グセにしよう。

ENJOY! 55

段ボール箱・新聞紙・雑誌を、秒単位で捨てることで、運気は入って来る。

清潔感と運気は連動しています。

仏教が入ってくる前、日本人のもともとの信仰は「清らか」ということでした。

神社に行って必ず手を洗うのはそのためです。

清らかの原点でいくと、モノを何も置かないことが一番大切です。

「あの人、歳とったな」と感じさせる人は、モノが増えています。

突然、「誰かにあげるから」と言って、安いモノをたくさん買い込んで、モノがたまるようになります。

モノが増えるのは老化現象です。 若いうちは、モノが少ないのです。

モノが増えていくことで幸せになるピークは、40歳です。

40代以上は、モノを減らしていくほうが豊かで、リッチに見えます。

部屋にモノがあってリッチに見えたのは、1970年の大阪万博までです。

それ以降は、部屋にモノが少なければ少ないほどリッチな印象になりました。

テレビドラマやモデルルーム、ホテルにリッチ感があるのはモノがないからです。

モノを減らしていくコツは、毎日、少しでもモノを捨てていくことです。

特に男性は、家の中に新聞・雑誌をため始めます。

ため込む人はアイデンティティーがなくなり、いらないモノまで含めたコレクターになります。部屋の中がスカスカになると、独房にいるような感覚を持ちます。

それを豊かな環境と思わなくなるのです。

「まだ読むんだ」「いつか読むかもしれない」と、新聞や雑誌をとっておくようになります。

それでは、その部屋には運気が入ってきません。

捨てる時に大切なのは、「グラム×秒」でカウントすることです。

1グラム単位・1秒単位で捨てることです。

分かれ目は、出かける前に捨てるかどうかです。
「これは帰ってきたら捨てよう」はNGです。

もちろん、ゴミを出す曜日が決まっているところは、そのルールを守って捨てます。
マンションでは曜日を問わず出せるところが増えています。
たとえば、8時間出かけることになりました。
出かける前にゴミを出すと、その8時間に運気が入ってきます。
帰ってから捨てようと思っていると、その8時間に運気が入ってきません。
捨てようと思っているゴミは、大体玄関に置かれます。
家の中でゴミが一番たまりやすいのは玄関のスペースです。
玄関は、運気が入ってこなくなるので、モノを置いてはいけない場所です。
玄関のスペースの清潔さでその人の運気が一番分かれてくるのです。

60歳から
もっと楽しむ
ために
55

いらないモノを出かける前に捨てよう。

ENJOY! 56

嫉妬・怒りは、喜びで消える。

怒りと嫉妬の感情が出た時は、人の喜びを喜べばいいのです。

自分の喜びの数は限られています。

人の喜びの分まで自分が喜ぶことで、結局、自分の喜びになります。

自分の喜びだけを自分の喜びと考えるか、人の喜びと自分の喜びの合計が自分の喜びと考えるかの違いです。

喜びの量が増えていけばいくほど、嫉妬や怒りの感情が消えていきます。

嫉妬心を持つと、人の喜びを味わえません。

その結果、自分の喜びが減るので、ますます嫉妬するという負のスパイラルに入ってしまいます。

正のスパイラルに入るコツは、嫉妬心が湧いたら「よかったね。それ、私の喜び」と、自分の喜びにまぜてしまえばいいのです。

60歳からもっと楽しむために

56

他の人のハッピーを喜ぼう。

ENJOY!

57

イラッとしたら、トイレに行く。

イラッとした時は、トイレに行って、おしっこと一緒にイラッとしたことを流します。

イラッとするのは、瞬間的に出てくることなので持続しません。

人の気分は変わるのです。

トイレに行くと、涼しいところへ出られて、部屋とは別の空気があります。

イラッとする理由は、「眠い」「空腹」「酸欠」のどれかです。

気分を変えるためには、トイレに行けばいいのです。

将棋指しがトイレに行くのは、単にトイレに行きたいのではありません。

頭の中を一回整理するためです。

もうひとつのイラッとする理由は、二元論で考えるからです。

「正しいのか間違っているのか」という二元論は、イラッとする原因になります。

たとえば、自分が正しいと思う時には、相手も自分が正しいと思っています。

そこでイラッとする人は、「相手が正しいなら、私が間違っているということなのか」と、全否定されたような気持ちになります。

人間は肯定されることを幸せと感じ、否定されると「どうしてなんだ！」とイラッとします。

お互いに「私が正しい」となると、イライラのラリーが始まります。

その時に役に立つのが、東洋人の曖昧力です。

曖昧は、50歳を過ぎると強い味方です。

よく「日本人は曖昧だからダメだ」と言われます。

これは20代、30代のイケイケの議論であり、西洋の論理です。

「相手が言っているようなこともあるかも。でも、僕が言っていることもあるかも」と考えればいいのです。

「かも」という曖昧さで乗り越えます。

「日本人はそもそもユーラシア大陸で、もめごとが嫌いな人がどんどん東へ東へ逃げてきて、この地にたどり着いた民族」と、明治学院大学の山下裕二教授は想像しました。

争いごとが嫌いな集団が日本へ渡ってきたということです。

だからこそ、美術や芸術においても曖昧表現があるのです。

たとえば、尾形光琳の「燕子花図《かきつばたず》」には地面が描かれていません。

地面を描くと、結局どこにあるかが限定されてしまいます。

背景を描くと、「○○さんのお庭」と決まってしまいます。

地面や背景を描かなければ、見た人が勝手に想像できます。

これが曖昧の力なのです。

「日本人は会議の発言が曖昧だ」と、外国人に言われます。

「曖昧のどこが悪いんだ。曖昧・イズ・ピース」と考えて、自分のイマジネーションで間を補えばいいのです。

外国人は、会議の最後に必ず「1　○○」と箇条書でメモしろと言います。

これは、「あるかないか」「どちらが正しいか」という明晰《めいせき》さを求める西洋的な対決の論理です。

日本人は「じゃ、そんな感じで」と、曖昧に言います。

これで仕事がまわっていくのが日本人のテレパシーです。

21世紀にはテレパシーの時代が来ます。

西洋社会の厳密さより、日本の曖昧さで、フリーハンドを残す余白のところが組織運営を円滑に運びます。


50歳を過ぎたら、曖昧力を発揮していくことです。

「じゃ、そんな感じで」という曖昧さで行動することが大切なのです。

60歳からもっと楽しむために

57

「かも」で、「ある」「ない」を抜け出そう。

ENJOY!
58

お金を豊かにするより、時間を豊かにする。

40代までは、お金をどう稼いで、どう使うかということが頭の中を占めています。

50歳を過ぎると、給料も下がってくるし、お金は出ていくばかりです。

お金は増えなくなるのです。

「お金を増やす勝負は、もうしなくていい」と、早く気がつくことです。

お金の使い方よりも、時間の使い方を考えることにスイッチするのが50代です。

「とはいうものの、そんなことをしたら、お金のことで苦労するのではないか」と心配する人がいます。

そんな心配はいりません。お金で苦労していない人は、お金を豊かにすることを考えるのではなく、時間を豊かにすることを考えています。

結局、時間を豊かにする人にお金が入ってきます。

お金を豊かにすることばかり考えている人には、お金が入ってきません。

お金が入ってこないので、ますますお金のことばかり考えます。

このループから永遠に抜け出せないのです。

お金と時間の両方を考える必要はありません。

お金を豊かにすることを考えている人は、時間を豊かにすることなど考えていられません。

結果、自動的に時間を犠牲にするのです。

老後のお金が心配な人は、お金を豊かにすることを考えるより、時間を豊かにすることを考えたほうがいいのです。

60歳から
もっと楽しむ
ために
58

時間を豊かにしよう。

ENJOY!

59

こだわるは、工夫すること。しがみつくとは、工夫しないこと。

好きなことにこだわることは大切です。

「こだわる」と「しがみつく」とは違います。

こだわる人は、「こういうふうにしたい」と思って、いろいろな工夫をします。

しがみつく人は、工夫をしません。

やり方を変えないで、ただ努力をして力を入れるのです。

「このやり方しかない」と言いますが、そんなことはありません。

あれもあり、これもありです。

たったこれだけのことです。

稟《りん》議《ぎ》書《しょ》が上がってきた時に「これしかない」と言う人は、教祖になっていきます。

教祖は間違えることができません。

間違えたら、教祖のメンツが丸つぶれになるからです。

修行中の人間は間違えてもいいのです。

菩薩《ぼさつ》や阿羅漢《あらかん》でさえ、まだ修行中の身です。

だからトライできるのです。

教祖は「全知全能」と言われます。

間違えられないから、トライできないし、成長もないのです。

そもそも日本には八百万《やおよろず》の神がいます。

「あれもあるけど、これもある」というのが日本人の精神です。

クリスマスも祝って、お正月も祝うのです。

七福神はアベンジャーズ状態です。

「全部ＯＫ」という多様性の中に生きているのです。

「あの工夫もいいね。その工夫もありだね」と思えるのが、50歳を過ぎての楽しみ方です。

50歳を過ぎて大切なのは、工夫です。
工夫が人生を楽しむということです。
「これしかない」となると、工夫しなくなるのです。

60歳から
もっと楽しむ
ために
59

しがみつかずに、工夫してこだわろう。

ENJOY!
60

感謝とは、素直にデメリットを受け取れることだ。「された」ではなく「していただいた」。

50歳を過ぎると、だんだん被害者意識が強くなってくるのです。

被害者意識とは、ひと言で言うと「○○されちゃった」ということです。

出来事に、いいことと悪いことはありません。

ただ現象があるだけです。

「されちゃった」と言った時点で、その人は悪いことと解釈したのです。

「していただいたこと」と「されたこと」は同じです。

すべてのことを、いいことと悪いことに分けていくと、楽しくなくなります。

占い師さんに「こういう人と出会います」と言われると、「それって、いいことですか、悪いことですか」と聞く人がいます。

それは、別によくも悪くもありません。

いい・悪いは、ショートレンジでは答えられます。

その時は悪いことに思えても、長い目で見ると、そのおかげでいいこともたくさんあるのです。

結局、いいか悪いかは、そのポイントだけで判断しようとする感覚です。

せっかく50年生きているのに、それではよくありません。

50年生きていると、その分アドバンテージがあります。

10歳の子は10年の体験でしか判断できません。

50年体験していると、いいこともあれば悪いこともあります。

いいことが悪くなったり、悪いことがいいことになったりすることもあるので、最終的には、いいことも悪いこともないとわかってきます。

これが歴史観です。

「歴史において、いいことと悪いことはない」というのが歴史学者の視点なのです。

地球物理学では、地震は「地球の都合で起こっていること」という解釈です。

地震は、地球の事情だから仕方ないと考えるのです。

被害者意識で、いいことと悪いことを考えるから、メリット・デメリットという感覚になるのです。

物事をメリットとデメリットで判断する考え方は、ゴールにたどり着くための効率という発想です。

モノをつくる場合は、より多く売れるに越したことはありません。

50代からは、売れなくても、それをつくるプロセスを楽しみます。

そこに仲間がいて、一緒に面白いものをつくろうとするプロセスが楽しいのです。

僕は1000冊を超える本を書いています。

売れ行きよりも、本をつくるプロセスや、「何かいいものをつくりたい」と思えることが楽しいのです。

「結局、中谷さんは何屋さんなんですか」と聞かれたら、作家は何でも屋です。

その場、その場の状況を「された」ではなく、「させてもらった」「していただいた」という感覚でいると、楽しめます。

レストランでお水を頼んで、「氷をお入れしますか」と聞かれた時は、「いいですね、入ってもらってください」とこたえる感覚を持つことです。

「氷にもぜひ入ってもらいましょう」というのは、氷をひとつの命として考えているということです。

「○○された」という考え方は、八百万に命を感じていません。

「犬に噛《か》まれた」と言うより、「犬がビックリするようなことをしちゃったんじゃないか」と言うのは、犬に魂を感じています。

西洋人は、動物に魂を感じません。

馬の絵を描く時は、馬を所有物として描きます。

風景画は、自分の所有地を描くのです。

「これはオレの土地」というアピールです。

日本人の風景画は、木や葉っぱ、馬にも魂を感じています。

日本と海外の風景画では、意味がまったく違います。

海外に、日本のような風景画はありません。
海外の風景画は「ここは私の土地」という契約書の一部です。
すべてのものに対して魂を感じることができれば、被害者意識はなくなるのです。

60歳からもっと楽しむために

60

被害者意識を持たない。

ENJOY! 61

満足は、気から。

満足感を得られることが、精神的な豊かさです。

満足感は人がくれるものではなく、自分が感じるものです。

良寛和尚は、もともと新潟（越後国出雲崎）の名家の息子さんです。

清貧の思想を教えていました。

良寛さんは、家に泥棒が入った時、泥棒に文句を言われました。

家の中にあるのは布団だけで、泥棒が「なんだよ、おまえ。オレはわざわざ泥棒に来たのに布団しかないのか」と言うと、「申しわけない」と言って布団をあげてしまいました。

「布団はあげたけど、月は持っていかれなくてよかった」と言う良寛さんは、なかなか風流です。

その良寛さんが、ある日、泥棒に間違えられました。

清貧の思想で、お坊さんだけれども、きらびやかな格好をせず、ホームレス的な格好でいたので泥棒と間違えられてしまったのです。

その時もまったく否定せず、「泥棒というものに初めてなれた気分がする」と言って、間違えられたことを楽しみました。

間違いを必死に否定する必要はないのです。

ネット社会にはいろいろな誹謗《ひぼう》中傷があります。

誹《そし》られることすらも面白がることです。

誤解されたら、その誤解を楽しめばいいのです。

涙を流しながら「違います！」と言っても、楽しくありません。

むしろ全部バレてしまうより、誤解されたままで別の役を演じられるなら、その役を演じきればいいのです。

60歳から
もっと楽しむ
ために

61

誤解されたら、楽しもう。

ENJOY! 62

あとがき

「自分は変われない」ではなく、「今、変わるプロセスにいる」と考える。

「生まれ変わりましょう」とアドバイスすると、「そんなことを言っても自分は生まれ変われないんだ」と、なかなか踏み込めない人がいます。

「生まれ変われない」という意志を持っているのです。

こういう人は、意志が強いです。

「生まれ変わろうと思って今まで何度もトライしたけれども、生まれ変われなかった。だから、これからもムリだろう」と考えるのではありません。

定年前は生まれ変われるチャンスです。

すぐに生まれ変わらなくてもいいから、「今、生まれ変わるプロセスにいる」と考えることです。

今日寝て、明日の朝、目が覚めたら別のものに変わっているのではありません。毎日のプロセスの後、気がついたら生まれ変わっているのです。

自転車に乗る練習をしている時も、本人は乗れた瞬間は気づいていません。

自転車の後ろを持っていた人が手を放す瞬間に気づかないのです。

自転車に乗れる瞬間の少し前から変わっていたのです。

自転車に乗れるようになるためにはプロセスがあります。

生まれ変わる時も、プロセスがあります。

実際、生まれ変わった瞬間には気づかなくて、振り返ってみると、もう生まれ変わっていたとわかる状態になります。

「まだ生まれ変わっていない」と考えるのではありません。

「今、生まれ変わるプロセスにいるんだ」と考えることによって、生まれ変わるプロセスも味わえます。

「前の自分」と「新しい自分に生まれ変わっていくプロセスにいる自分」を味わえば

いいのです。

ジャン＝レオン・ジェロームの作品に「ピグマリオンとガラテア」という絵があります。

ピグマリオンはギリシャの王様で、政治に飽きてしまい、好きだった彫刻をつくるのです。

王様は、人間の美人をたくさん見てきたので、自分の理想の女性をつくることにしました。

彫刻であまりにもきれいな理想の女性ができ上がると、ガラテアと名づけました。王様は、ヴィーナスに「これに命を吹き込んでください」と頼んで、彫刻のガラテアに命を吹き込みました。

そのガラテアにぞっこんハマるという王様の話を絵にしたのです。

描かれているガラテアは、足は彫刻で白いままです。

途中から肌色になって、上半身が人間という、この変わりかけのところが一番いいのです。

楽しみは、プロセスにあるのです。

60歳以降が楽しいのではありません。

50歳からは、60歳の還暦で新しく生まれ変わるまでのプロセスの期間です。

50代は、半分は前の自分で、半分は新しい自分という「人生で一番楽しいところ」にいるのです。

60歳から
もっと楽しむ
ために
62

リセットできると考えよう。

『見た目を磨く人は、うまくいく。』
『会話力のある人は、うまくいく。』
『ブレない人は、うまくいく。』

【大和書房】
文庫『いい女のしぐさ』
文庫『美人は、片づけから。』
文庫『いい女の話し方』
文庫『「つらいな」と思ったとき読む本』
文庫『27歳からのいい女養成講座』
文庫『なぜか「HAPPY」な女性の習慣』
文庫『なぜか「美人」に見える女性の習慣』
文庫『いい女の教科書』
文庫『いい女恋愛塾』
文庫『やさしいだけの男と、別れよう。』
文庫『「女を楽しませる」ことが男の最高の仕事。』
文庫『いい女練習帳』
文庫『男は女で修行する。』

【リベラル社】
『「また会いたい」と思われる人「二度目はない」と思われる人』
『モチベーションの強化書』
『50代がもっともっと楽しくなる方法』
『40代がもっと楽しくなる方法』
『30代が楽しくなる方法』
『チャンスをつかむ 超会話術』
『自分を変える 超時間術』
『問題解決のコツ』
『リーダーの技術』
『一流の話し方』
『一流のお金の生み出し方』
『一流の思考の作り方』

【ぱる出版】
『粋な人、野暮な人。』
『品のある稼ぎ方・使い方』
『察する人、間の悪い人。』
『選ばれる人、選ばれない人。』
『一流のウソは、人を幸せにする。』
『なぜ、あの人は「本番」に強いのか』
『セクシーな男、男前な女。』
『運のある人、運のない人』
『器の大きい人、器の小さい人』
『品のある人、品のない人』

【ファーストプレス】
『「超一流」の会話術』
『「超一流」の分析力』
『「超一流」の構想術』
『「超一流」の整理術』
『「超一流」の時間術』
『「超一流」の行動術』
『「超一流」の勉強法』
『「超一流」の仕事術』
『運とチャンスは「アウェイ」にある』

【秀和システム】
『人とは違う生き方をしよう。』
『なぜ あの人はいつも若いのか。』
『楽しく食べる人は、一流になる。』
『一流の人は、○○しない。』
『ホテルで朝食を食べる人は、うまくいく。』
『なぜいい女は「大人の男」とつきあうのか。』
『服を変えると、人生が変わる。』

【大和出版】
『「しつこい女」になろう。』
『「ずうずうしい女」になろう。』
『「欲張りな女」になろう。』
『一流の準備力』
『歩くスピードを上げると、頭の回転は速くなる。』

【あさ出版】
『孤独が人生を豊かにする』
『気まずくならない雑談力』
『「いつまでもクヨクヨしたくない」とき読む本』
『「イライラしてるな」と思ったとき読む本』
『なぜあの人は会話がつづくのか』

【水王舎】
『なぜあの人は「教養」があるのか。』
『結果を出す人の話し方』
『「人脈」を「お金」にかえる勉強』
『「学び」を「お金」にかえる勉強』

【日本実業出版社】
『出会いに恵まれる女性がしている63のこと』
『凛とした女性がしている63のこと』
『一流の人が言わない50のこと』
『一流の男 一流の風格』

【すばる舎リンケージ】
『好かれる人が無意識にしている文章の書き方』
『好かれる人が無意識にしている言葉の選び方』
『好かれる人が無意識にしている気の使い方』

【現代書林】
『チャンスは「ムダなこと」から生まれる。』
『お金の不安がなくなる60の方法』
『なぜあの人には「大人の色気」があるのか』

【毎日新聞出版】
『あなたのまわりに「いいこと」が起きる70の言葉』
『なぜあの人は心が折れないのか』
『一流のナンバー2』

【日本経済新聞出版社】
『人は誰でも講師になれる』
『会社で自由に生きる法』
『「反射力」早く失敗してうまくいく人の習慣』

【ぜんにち出版】
『リーダーの条件』
『モテるオヤジの作法2』
『かわいげのある女』

【オータパブリケイションズ】
『レストラン王になろう2』
『改革王になろう』
『サービス王になろう2』

【DHC】
ポストカード『会う人みんな神さま』
書画集『会う人みんな神さま』
『あと「ひとこと」の英会話』

【海竜社】
『昨日より強い自分を引き出す61の方法』
『一流のストレス』

【リンデン舎】
『状況は、自分が思うほど悪くない。』
『速いミスは、許される。』

【ベストセラーズ】
『一歩踏み出す5つの考え方』
『一流の人のさりげない気づかい』

【総合法令出版】
『「気がきくね」と言われる人のシンプルな法則』
『伝説のホストに学ぶ82の成功法則』

【サンクチュアリ出版】
『転職先はわたしの会社』
『壁に当たるのは気モチイイ 人生もエッチも』

【ユサブル】
『1秒で刺さる書き方』

【河出書房新社】
『成功する人は、教わり方が違う。』

【二見書房】
文庫『「お金持ち」の時間術』

【ミライカナイブックス】
『名前を聞く前に、キスをしよう。』

【イースト・プレス】
文庫『なぜかモテる人がしている42のこと』

【第三文明社】
『仕事は、最高に楽しい。』

【文芸社】
文庫『全力で、1ミリ進もう。』

【アクセス・パブリッシング】
『大人になってからもう一度受けたい コミュニケーションの授業』

【阪急コミュニケーションズ】
『サクセス&ハッピーになる50の方法』

【きこ書房】
『大人の教科書』

【講談社】
文庫『なぜ あの人は強いのか』

【中谷彰宏の主な作品一覧】

【ダイヤモンド社】
『面接の達人 バイブル版』
『なぜあの人は感情的にならないのか』
『50代でしなければならない55のこと』
『なぜあの人の話は楽しいのか』
『なぜあの人はすぐやるのか』
『なぜあの人は逆境に強いのか』
『なぜあの人の話に納得してしまうのか[新版]』
『なぜあの人は勉強が続くのか』
『なぜあの人は仕事ができるのか』
『25歳までにしなければならない59のこと』
『なぜあの人は整理がうまいのか』
『なぜあの人はいつもやる気があるのか』
『なぜあのリーダーに人はついていくのか』
『大人のマナー』
『プラス1％の企画力』
『なぜあの人は人前で話すのがうまいのか』
『あなたが「あなた」を超えるとき』
『中谷彰宏金言集』
『こんな上司に叱られたい。』
『フォローの達人』
『「キレない力」を作る50の方法』
『女性に尊敬されるリーダーが、成功する。』
『30代で出会わなければならない50人』
『20代で出会わなければならない50人』
『就活時代しなければならない50のこと』
『あせらず、止まらず、退かず。』
『お客様を育てるサービス』
『あの人の下なら、「やる気」が出る。』
『なくてはならない人になる』
『人のために何ができるか』
『キャパのある人が、成功する。』
『時間をプレゼントする人が、成功する。』
『明日がワクワクする50の方法』
『ターニングポイントに立つ君に』
『空気を読める人が、成功する。』
『整理力を高める50の方法』
『迷いを断ち切る50の方法』
『なぜあの人は10歳若く見えるのか』
『初対面で好かれる60の話し方』
『成功体質になる50の方法』
『運が開ける接客術』
『運のいい人に好かれる50の方法』
『本番力を高める57の方法』
『運が開ける勉強法』
『バランス力のある人が、成功する。』
『ラスト3分に強くなる50の方法』
『逆転力を高める50の方法』
『最初の3年 その他大勢から抜け出す50の方法』
『答えは、自分の中にある。』
『ドタン場に強くなる50の方法』
『アイデアが止まらなくなる50の方法』
『思い出した夢は、実現する。』
『メンタル力で逆転する50の方法』
『自分力を高めるヒント』
『なぜあの人はストレスに強いのか』
『面白くなければカッコよくない』
『たった一言で生まれ変わる』
『スピード自己実現』
『スピード開運術』
『スピード問題解決』
『スピード危機管理』
『一流の勉強術』
『スピード意識改革』
『お客様のファンになろう』
『20代自分らしく生きる45の方法』
『なぜあの人は問題解決がうまいのか』
『しびれるサービス』
『大人のスピード説得術』
『お客様に学ぶサービス勉強法』
『大人のスピード仕事術』
『スピード人脈術』
『スピードサービス』
『スピード成功の方程式』
『スピードリーダーシップ』
『出会いにひとつのムダもない』
『お客様がお客様を連れて来る』
『なぜあの人は気がきくのか』
『お客様にしなければならない50のこと』
『大人になる前にしなければならない50のこと』
『なぜあの人はお客さんに好かれるのか』
『会社で教えてくれない50のこと』
『なぜあの人は時間を創り出せるのか』
『30代でしなければならない50のこと』
『なぜあの人は運が強いのか』
『20代でしなければならない50のこと』
『なぜあの人はプレッシャーに強いのか』
『大学時代しなければならない50のこと』
『あなたに起こることはすべて正しい』

【PHP研究所】
『なぜあの人は、しなやかで強いのか』
『メンタルが強くなる60のルーティン』
『なぜランチタイムに本を読む人は、成功するのか。』
『中学時代にガンバれる40の言葉』
文庫『もう一度会いたくなる人の話し方』
『中学時代がハッピーになる30のこと』
『もう一度会いたくなる人の聞く力』
『14歳からの人生哲学』
『受験生すぐにできる50のこと』
『高校受験すぐにできる40のこと』
『【図解】仕事ができる人の時間の使い方』
『ほんのささいなことに、恋の幸せがある。』
『高校時代にしておく50のこと』
文庫『お金持ちは、お札の向きがそろっている。』
『仕事の極め方』
『中学時代にしておく50のこと』
文庫『たった3分で愛される人になる』
『【図解】「できる人」のスピード整理術』
『【図解】「できる人」の時間活用ノート』
文庫『自分で考える人が成功する』
文庫『入社3年目までに勝負がつく77の法則』

【きずな出版】
『しがみつかない大人になる63の方法』
『「理不尽」が多い人ほど、強くなる。』
『グズグズしない人の61の習慣』
『イライラしない人の63の習慣』
『悩まない人の63の習慣』
『いい女は「涙を背に流し、微笑みを抱く男」とつきあう。』
『ファーストクラスに乗る人の自己投資』
『いい女は「紳士」とつきあう。』
『ファーストクラスに乗る人の発想』
『いい女は「言いなりになりたい男」とつきあう。』
『ファーストクラスに乗る人の人間関係』
『いい女は「変身させてくれる男」とつきあう。』
『ファーストクラスに乗る人の人脈』
『ファーストクラスに乗る人のお金2』
『ファーストクラスに乗る人の仕事』
『ファーストクラスに乗る人の教育』
『ファーストクラスに乗る人の勉強』
『ファーストクラスに乗る人のお金』
『ファーストクラスに乗る人のノート』
『ギリギリセーーフ』

【学研プラス】
『なぜあの人は感じがいいのか。』
『頑張らない人は、うまくいく。』
文庫『見た目を磨く人は、うまくいく。』
『セクシーな人は、うまくいく。』
文庫『片づけられる人は、うまくいく。』
『なぜ あの人は2時間早く帰れるのか』
『美人力』(ハンディ版)
『チャンスをつかむプレゼン塾』
文庫『怒らない人は、うまくいく。』
『迷わない人は、うまくいく。』
『嫌いな自分は、捨てなくていい。』
文庫『すぐやる人は、うまくいく。』
『シンプルな人は、うまくいく。』

〈著者略歴〉

中谷彰宏（なかたに　あきひろ）

1959年、大阪府生まれ。早稲田大学第一文学部演劇科卒業。博報堂に入社し、８年間のＣＭプランナーを経て、91年に独立し、株式会社中谷彰宏事務所を設立。人生論、ビジネス書から恋愛エッセイ、小説まで、多くのロングセラー、ベストセラーを世に送り出す。

「中谷塾」を主宰し、全国でワークショップ、講演活動を行う。

【中谷彰宏公式サイト】https://an-web.com/

※本の感想など、どんなことでも、お手紙を楽しみにしています。
他の人に読まれることはありません。**僕は、本気で読みます。**

中谷彰宏

〈送り先〉
〒135-8137　江東区豊洲5-6-52
株式会社ＰＨＰ研究所　第四制作部人生教養課気付
中谷彰宏　行
＊食品、現金、切手等の同封は、ご遠慮ください。（第四制作部人生教養課）

定年前に生まれ変わろう
50代からしておきたいこと

2019年５月29日　第１版第１刷発行

著　者　中谷彰宏
発行者　後藤淳一
発行所　株式会社ＰＨＰ研究所
東京本部　〒135-8137　江東区豊洲5-6-52
第四制作部人生教養課　☎03-3520-9614（編集）
普及部　☎03-3520-9630（販売）
京都本部　〒601-8411　京都市南区西九条北ノ内町11
PHP INTERFACE　https://www.php.co.jp/

制作協力
組　　版　株式会社PHPエディターズ・グループ
印刷所　大日本印刷株式会社
製本所　東京美術紙工協業組合

ISBN978-4-569-84303-2